Bertram J. Schirr

Improvisieren

Kirchliche Arbeit kreativ mitgestalten

VANDENHOECK & RUPRECHT

Bibliografische Information der Deutschen Nationalbibliothek:
Die Deutsche Nationalbibliothek verzeichnet diese Publikation in der Deutschen Nationalbibliografie; detaillierte bibliografische Daten sind im Internet über https://dnb.de abrufbar.

Satz: SchwabScantechnik, Göttingen
Druck und Bindung: BALTO print, Vilnius
Printed in the EU

Vandenhoeck & Ruprecht Verlage | www.vandenhoeck-ruprecht-verlage.com

ISSN 2700-1032
ISBN 978-3-525-60034-4

V&R

Praktische Theologie konkret

Band 10

Herausgegeben von
Hans-Martin Lübking und Bernd Schröder

Für Charlotte

Inhalt

Vorwort der Herausgeber

Die Reihe »Praktische Theologie konkret« will Pfarrer:innen sowie Mitarbeitende in Kirche und Gemeinde mit interessanten und innovativen Ansätzen in kirchlich-gemeindlichen Handlungsfeldern bekannt machen und konkrete Anregungen zu guter Alltagspraxis geben.

Die Bedingungen kirchlicher Arbeit haben sich in den letzten Jahren zum Teil erheblich verändert. Auf viele heutige Herausforderungen ist man in Studium und Vikariat nicht vorbereitet worden und in einer oft belastenden Arbeitssituation fehlt meist die Zeit zum Studium neuerer Veröffentlichungen. So sind interessante neuere Ansätze und Diskussionen in der Praktischen Theologie in der kirchlichen Praxis oft kaum bekannt.

Der Schwerpunkt der Reihe liegt nicht auf der Reflexion und Diskussion von Grundlagen und Konzepten, sondern auf konkreten Impulsen zur Gestaltung pastoraler Praxis:

- praktisch-theologisch auf dem neuesten Stand,
- mit Informationen zu wichtigen neueren Fragestellungen,
- Vergewisserung über bewährte »Basics«
- und einem deutlichen Akzent auf der Praxisorientierung.

Die einzelnen Bände sind von Fachleuten geschrieben, die praktisch-theologische Expertise mit gegenwärtiger Erfahrung von konkreter kirchlicher Praxis verbinden. Wir erhoffen uns von der Reihe einen hilfreichen Beitrag zu einem wirksamen Brückenschlag zwischen Theorie und Praxis kirchlicher Arbeit.

Dortmund/Göttingen Hans-Martin Lübking und Bernd Schröder

Einleitung

Hoch-
schauen

Im März 2022 fand in Kusel ein Gedenkgottesdienst für eine ermordete Polizeianwärterin und einen Polizeikommissar statt. Fünf Geistliche in Talar, Messgewand und Notfallseelsorgejacke fixieren mit gesenkten Blicken, vor dem Altar stehend, ihre schwarzen Kladden, schauen kaum hoch (Bild Online 2022). Bei Trauer- und Gedenkfeiern ist das verständlich. Die Situation und der Schrecken sind so herausfordernd, dass Liturg:innen gelesenem Text Vorrang einräumen. So mit der Kladde und ausgefeilten Formulierungen zu arbeiten, ist ein sinnvoller Modus von Liturgie. Mehr und anderes hätte sich vielleicht aber ereignen können, wenn sich Blicke begegnet wären, wenn die Äußerungen zu dem Riss in der Zeit, den ein Doppelmord darstellt, nicht getrennt worden wären in Gottesdienst – mit der Verlesung von Vorformuliertem einerseits – und Stegreif-Statements von Menschen auf dem Kirchenvorplatz (die in der Berichterstattung dominieren) andererseits. Was wäre, wenn sich die nach unten gewandten Gesichter der Situation ausgesetzt hätten, ihr Handeln durchlässig gemacht hätten für das, was gerade geschieht, und für die, die da sind? Das wäre gefährlicher und anstrengender, als einen fertigen Plan gut umzusetzen. Und es bräuchte eine andere Vorbereitung, eine andere Haltung, andere Ressourcen. Es beginnt mit der Bereitschaft, auch im Gottesdienst bewusst zu improvisieren. So könnten ungeplante Phasen mehr Wirkung und Bedeutung hervorbringen, mental, emotional und körperlich tiefer gehen.

Bewährtes
Praxiswissen

Improvisieren *ist* schon ein Modus des Denkens und Handelns von jedem und jeder in der kirchen- und gemeindeleitenden, diakonischen, seelsorgerlichen, gemeinde- und religionspädagogischen, kirchenmusikalischen und pastoralen Arbeit Engagierten. Das liegt nicht nur an Kulturwandel und schwindenden Ressourcen. Praktiker:innen nutzen längst die theologischen Ressourcen und Theorien, die zur Hand sind, um konkret vor Ort Probleme zu lösen. Nur bleibt dieses Praxiswissen des Improvisierens implizit, das heißt unausgesprochen, unaufgeschrieben, unreflektiert. Improvisieren wird stattdessen als Schwäche, Fehler oder

Gefahr gerahmt, beziehungsweise als passive Reaktion auf widrige Umstände verstanden. Demgegenüber wird hier die Kraft aktiven und kreativen Improvisierens für die unterschiedlichen kirchlichen Handlungsfelder von der Predigt über Religions- und Gemeindepädagogik bis zu Seelsorge und Leitungshandlung reflektiert und entwickelt.

Konkrete Übungen und Modelle laden Praktiker:innen ein, das eigene Improvisieren als Stärke zu entdecken und weiterzuentwickeln. So können sie kollektive Kreativität, mehr Beteiligung, mehr Bedeutung und mehr Wirkung erzielen. Mit einer Veränderung des Arbeitshabitus und der Wahrnehmung, mit Training und Kooperation können Praktiker:innen Improvisationszeiten und -räume zulassen und nutzen. Denn Improvisation hat schon eine Tradition im kirchlichen Handeln, ist verwurzelt im biblischen Zeugnis.

Improvisationszeiten und -räume absichtlich zulassen

Was heißt (kirchlich) improvisieren?

Improvisius ist das Unvorhergesehene, Überraschende, das, was nicht *(im)* vorher *(pro)* gesehen *(videre)* werden konnte. Im 18. Jahrhundert wird das Wort aus dem Italienischen ins Deutsche mit dem Verständnis »Gestaltung aus dem Stegreif« übernommen. Der Stegreif ist der Steigbügel, dessen Erfindung es den Steppenvölkern einst erlaubte, die ersten mobilen Weltreiche zu gründen. Also bedeutet improvisieren, in vollem Lauf, ohne vom Pferd steigen zu müssen, spontan, ohne Planung und Nachdenken handeln zu können.

Aus dem Stegreif

Theologisch betrachtet, bedeutet improvisieren, mit der Gegenwart Gottes durch die Wirksamkeit des Heiligen Geistes zu rechnen, mit Gottes Investition in die Welt und seiner Kooperation, offen und unabgeschlossen, wie es der Lehre der *creatio continua* entspricht.

Mit dem Heiligen Geist

In diesem Buch wird Improvisieren primär als Ritualisierung entwickelt, als auffälliges (zeremonielles), aufgeführtes Verhalten oder offenes soziales Drama, mit dem sich situativ und kooperativ Probleme lösen, Kontingenzerfahrungen bearbeiten und mit Transzendenz verbinden lassen, sodass sich ein neuer Sinn verkörpert (Belliger/Krieger 2003, 9). Wie Rituale führen Improvisationen in Schwellenzustände, in denen sich Regeln auflösen und verhandelbar werden, in denen eine andere soziale Wirklichkeit entsteht. Mit den Methoden und Ressourcen traditioneller und gegenwärtiger kirchlicher Improvisationskultur lassen sich Räume und Zeiten des Unvorhersehbaren, Riskanten als Quellen der Beteiligung

In rituelle Schwellenzustände

Kirchlich improvisieren

und des Bedeutungsgewinns erschließen. Kirchlich improvisieren ist (vgl. Hoffelner 2023):

1. *Ungeplant:* Ein Problem steht fest, aber nicht der *eine* Weg zu seiner Lösung. Planen und Handeln fallen zusammen, und dabei kann mit intensiver spiritueller Erfahrung im gemeinsamen Experimentieren gerechnet werden.
2. *Responsiv/kollaborativ:* Nicht Originalität, Autorschaft und Verantwortung stehen im Mittelpunkt, sondern Mitwirken.
3. *Unmittelbar:* »Un-mittel-bar« bedeutet a) ohne Hierarchisierung, b) unter Zeitdruck und c) nur unter Zuhilfenahme der hier und jetzt verfügbaren Mittel kirchlichen Handelns.
4. *Spielerisch:* Wieder »wie Kinder« und damit Erben des Gottesreiches (Mt 18,3) werden kirchliche Praktiker:innen durch Spielen als Übung von Weisheit, im Spiel als gemeinsamer Bearbeitung von Krise und Gefahr.
5. *Prozesshaft:* Improvisierende rechnen mit dem Auftauchen unerwarteter Phänomene, mit Unabgeschlossenheit und Bewegung und befragen sie situativ auf »Reichgottestauglichkeit«.
6. *Liminal:* Improvisation wird hier vorrangig ritualtheoretisch beleuchtet, denn sie führt in Räume und Zeiten, in denen Normen und Machtverhältnisse verflüssigt werden, Risiko und Gefahr zu bearbeiten sind.

1 Situation

Kirchliche Praxis »klebt« allzu häufig an Texten. Wenn kirchlich Agierende den Text in der Hand nicht mehr als Grundlage für Interaktion benutzen, verliert diese ihren Primat und dann kann es so sein, als würden sie freiwillig Scheuklappen aufsetzen. Die Komplexität und die Anforderungen der Situation, die Bedürfnisse von denen, die sich gerade versammeln, die gerade da sind, könnten sie übersehen, oder als Störung für die Umsetzung des (vermeintlich primären) Textes fehlinterpretieren.

1.1 Historische Skizze

Als vertretbare Methode hat Improvisation in der Geschichte des Denkens einen schweren Stand. Folgt man jedoch den Spuren der Weisheit des Improvisierens, wird eine alternative Tradition erkennbar, die sich im kirchlichen Handeln der Gegenwart zu neuem Leben erwecken lässt.

Odysseus und mêtis - vergessene Vorbilder

Odysseus

Das erste Vorbild für das Improvisieren in kirchlicher Arbeit ist Odysseus (vgl. Jullien 1999), »viel sich wendender Mann, oft abgebracht vom Weg [...], der die Städte vieler Menschen gesehen und ihre Denkweisen kennt« (Odyssee 1. Gesang, Verse 1–2). Odysseus agiert in Situationen, die kirchliche Praktiker:innen kennen: Auf einer unplanbaren Irrfahrt zurück zum »Wie es war«, welches – das wissen Odysseus und die Praktiker:innen – so nicht mehr erreicht werden kann, entfernt von selbstverständlichem Status und bekanntem Gebiet – in der Identitätskrise, in der Diaspora, mit klapprigem Schiff. Odysseus wird dann aber als Erfinder des Trojanischen Pferdes bekannt. Er konstruiert aus dem, was da ist, ein Schiff, um Kalypso zu entkommen. Auf der Insel des Zyklopen geht er alleine los, erkundet fremdes Terrain (IX, 172–174) und improvisiert eine Fluchtmöglichkeit für seine Männer, indem er sie unter die Bäuche von Schafen bindet. Er verwickelt den Zyklopen in ein komödienhaftes Rollenspiel, durch das er sich dessen Rache mit einem Namenstrick entzieht: Er stellt sich als oútis vor (9. Gesang, Vers 365), als Niemand; als der Zyklop den anderen Riesen von seiner Verletzung berichtet (Vers 410), nennt er ihn Niemand *(mé tís)* und bezeichnet ihn damit zugleich als einen cleveren, gerissenen Improvisator *(mêtis)*. Odysseus hat viele Rollen und eine fluide Identität. Im 10. Gesang, erneut als Niemand, als Bettler bei Eumaios, dann als Freier verkleidet, unterhält er die gefährliche Menge wie ein Stand-up-Comedian und gewinnt sein Leben zurück.

Odysseus steht gegen das Ur-Epos der Antike, die »Ilias«, deren heroisches Ethos sich bis in die kirchliche Arbeit der Gegenwart als Vorbild gehalten hat. Es ist von der Vorstellung beherrscht, heroische Einzelkämpfer:innen müssten die Ideen und Pläne aus der Sphäre des Göttlichen auf die Welt und ihre Dinge als Widerspenstiges legen, um sie umzuformen. Improvisation ist für solche Held:innen ein Fehler, steht der göttlichen Weltordnung entgegen – seit Aristoteles' Nikomachischer Ethik gilt der Zufall nicht mehr als Gabe des Himmels, *eu-tychía* (*gutes* Geschick), sondern als Zeichen der Widerständigkeit und Unbestimmtheit der materiellen Welt aufgrund ihrer Entfernung von der göttlichen Ordnung.

Göttlicher Beistand

Mit dem Beinamen *»polymêtis«* ist Odysseus das Gegenmodell zum antiken »Plan-Helden«. Übersetzbar auch als »kluger Rat«, bezeichnet *mêtis* ein praktisches, komplexes, implizites Wissen – Improvisationsweisheit. Odysseus' *mêtis* umfasst geistige Geschmeidigkeit im Umgang mit Vielfalt. Sie ist beweglich, kann mit Widersprüchen umgehen. Das ist ihr Metier: Selbst, wenn es keinen Plan gibt, keine Erfahrung, kein Modell, verschlägt es Odysseus nicht die Sprache. Er kann mit göttlichem Beistand rechnen.

Verlorene Klugheit

Wenn kirchliche Praktiker:innen wie Odysseus »Gemeinde-Schiffe« durch unsichere Gewässer steuern und zwischen Skylla und Charybdis lenken, können sie auf ihre *mêtis,* ihre praktische Wirksamkeit vertrauen und positiv »odysseeisch« arbeiten – mit einem Ziel vor Augen, aber beweglich in der Wahl der Methoden. Auf ein Buch der *mêtis* können sie dabei jedoch nicht zurückgreifen. Denn diese bewegliche Praxisweisheit des Improvisierens wurde nicht Teil des verschrifteten Denkens.

Biblische Weisheit

Biblische Impro-Weisheit

Kirchliche Praktiker:innen haben allerdings die Bücher der biblischen Weisheiten. Die Weisheit der Proverbia zum Beispiel leitet an zum Improvisieren (vgl. Vanhoozer 2005, 332). Sowohl Tugenden als auch Irrgänge, konkretes Reden und Handeln bleiben für Proverbia-Geschulte unabgeschlossen. Die Regeln bieten Orientierung, um an das Unerwartbare heranzugehen. Biblische Weisheit hilft, »für eine augenblickliche prekäre Situation Analogien in der Erfahrungswelt zu finden«, sie hält das »Rüstzeug für eventuell eintretende, schwierige Fälle« bereit (Ebner 2001, 103).

Jesus als Weisheitslehrer

Jesus als praktischer Weisheitslehrer (Westermann 1990) improvisiert mit folkloristischer Weisheit und der Schrifttradition als Material. Er lehrt Praktiker:innen, »die wichtigen Aspekte einer bestimmten Situation« zu erkennen, »das ist die Fähigkeit im Herzen von praktischer Weisheit« (Nussbaum 1992, 37). Dabei verwirklicht sich die – neben dem Verständnis der Schöpfung als *creatio ex nihilo* – zweite Grundformel des christlichen Schöpfungsglaubens, nämlich das Konzept der *creatio continua,* also »der fortwährenden schöpferischen Zugewandtheit Gottes, die das Fortdauern der Schöpfung sicherstellt« (Breul 2023, 41).

> Von Spontaneität und Freiheit und Innovation angetrieben, ist Improvisation nie so unstrukturiert […], dass sie als creatio ex nihilo verstanden werden könnte. […] Sie ist vielmehr creatio continua, eine kontinuierliche Schöpfung, die auf bestehende Materialien zurückgreift […]. Improvisation ist der kreative Einsatz von Traditionen und Formen, die zur Hand sind. (Heltzel 2012, 18)

Schöpfungsverbunden und gelassen

Praktiker:innen improvisieren in der Weisheitstradition, wenn sie der »Gottesfurcht« gerecht werden, also mit Gott rechnen und das Gegebene als von Gott gegeben akzeptieren. Sie verstehen die Gesetze Gottes und der Welt als Struktur, die ihnen hilft, aus der Situation heraus Entscheidungen zu treffen.

Theologisch macht Improvisation demütig. Als Improvisierende (Niemande und nicht Held:innen) werden Praktiker:innen entlastet. Sie müssen nicht als Einzelkämpfer:innen die Kirche retten und vor allen Widrigkeiten bewahren, ständig bereit, das Ruder mit aller Kraft herumzureißen. Sie sind nicht allein verantwortlich, denn die Umstände und die Alltagsdinge – gut geschaffene Kräfte – sind schon auf ihrer Seite: Sie wirken göttlich inspiriert und inspirierend mit.

Spuren der Vielfalt praktischer Improvisationsweisheit lassen sich gerade in der Phase der Kodifizierung des Christentums verfolgen. Zum ersten Mal einigen sich christliche Praktiker:innen auf ein – nach dem Schock der Auferstehung – erneuertes, aber abgeschlossenes Skript.

Kodifizierung und Improvisation in der Patristik

Die Kodifizierung im Christentum diente dazu, neue doktrinäre, liturgische und ekklesiologische Strukturen festzuschreiben, und förderte zugleich die Praxis auf Kosten praktischer Vielfalt. Um bei der Verstetigung des Christentums eine Übereinstimmung in der Lehre, eine gemeinsame Ethik und einen liturgischen Gleichklang zu erreichen, fehlte es vielen Praktiker:innen an Ausbildung und Erfahrung. Kodifizierung sorgte für eine Verbesserung der rhetorischen, theologischen und musikalischen Qualität im Gottesdienst und Gebet. Diskursiv verbesserte sich damit die Praxis. Performativ und körperlich gesehen verlor sie an Interaktion, Vielfalt und Egalität. Kodifizierung lässt sich jedoch neu lesen, wenn sie in Spannung und Auseinandersetzung mit improvisatorischer Praxis gesehen wird.

Die Kirchenväter nutzten Improvisation als Motor der Kodifizierung. Christ-Werdung beginnt mit dem Erlernen des Betens, so legen es die ersten fassbaren Quellen (etwa die Definition von Justin dem Märtyrer in der ersten Apologie) fest (Bouley 1981, 21). Und richtig beten ist »im Christentum zunächst einmal immer das freie Sprechen« (Budde 2018, 22).

Freies Beten

Clemens von Alexandria zufolge ist für das Gebet zu Gott wesentlich, dass die Gläubigen nicht »schweigend zu ihm sprechen«, sondern »laut im Herzen rufen; denn Gott hört ununterbrochen auf die innere Stimme unseres Herzens« (zit. nach Budde 2013, 37). Tertullian (1952) schildert, wie zu seiner Zeit frei-improvisiertes Beten praktiziert wurde: »Jeder, der kann, wird in die Mitte gerufen, um Gott zu singen – ob aus der Heiligen Schrift oder aus seinem eigenen Herzen/seiner Eingebung heraus« (272).

Direkter Kontakt mit Gott ergibt sich für die Kirchenväter im Modus der freien Rede. So kodifiziert Tertullian das Vaterunser als ein Gerüst von Themen, dem die Gläubigen frei eigene Themen hinzufügen: *sine monitore, quia de pectore oramus,* »ohne Vorbeter, aus dem Herzen beten wir« (zit. nach Budde 2013, 117). Auch Cyprian, der als erster für die schriftliche Fixierung des Vaterunsers eintrat, warnt in seiner Abhandlung *De dominica oratione* zugleich vor der Gefahr, dass es nicht mehr innerlich mitgebetet wird (Budde 2018, 36).

Modell: Ethopoeia und die freie Rhetorik der Unmittelbarkeit

Von einer byzantinischen Predigtpraxis können Praktiker:innen noch heute improvisieren lernen. Mit der *ethopoeia,* dem Sprechen in der Rolle einer (biblischen) Figur, stellten Prediger im frühen Byzantinischen Zeitalter eine Unmittelbarkeit zwischen biblischen Figuren und Texten und der Gegenwart her (Bourbouhakis 2010, 182). Dabei verschränkte sich die Situation der Gemeinde dergestalt mit den Bibelnarrativen, dass es zu einer Identifikation der Prediger und Gemeindemitglieder mit den biblischen Figuren kam: Die biblische Geschichte ereignet sich nicht nur vor den Augen der Hörenden - sie sind mittendrin, an ihr beteiligt.

Byzantinische Beteiligung beim Predigen

Predigten begannen mit einer Lesung der Texte, von denen aus die Priester frei variierten. Sie brauchten besondere Fertigkeiten, um dabei die Stimmen und Rollen zu wechseln; die rhetorische Technik der *ethopoeia* war in ihrer Ausbildung fest etabliert. Predigende sollten lernen, in einer möglichst dramatischen Situation frei zu sprechen.

Poly-Proklos

Die 6. Predigt des Proklos von Konstantinopel aus der Mitte des 5. Jahrhundert (Leroy 1967, 298–327) zum Beispiel beginnt mit einem freien Anspiel, in dem Joseph Maria Ehebruch vorwirft. Es folgt eine Art moralisches Gedicht in der 1. Person Plural, dann wird wiederum Joseph angesprochen und angeklagt. Proklos ist dabei abwechselnd Prediger, Maria, Joseph und das Publikum.

Übung: Ethopoeia

Bei der Predigtvorbereitung, alleine oder gemeinsam, können Praktiker:innen Rollen und Perspektiven auf einen biblischen Text entwickeln, wenn sie antiken Übungsfragen folgen: »Was hätte David gesagt, während er von Saul verurteilt auf seine Hinrichtung wartet?«, oder: »Was hätte der Tod gesagt als Reaktion auf die Auferweckung des Lazarus?« (Bourbouhakis 2010, 184). Welche Rollen können die Predigenden einnehmen? Welche, auch nicht biblisch ausgeformte, Rolle kann der Gemeinde zukommen? Welche Geschichten lassen sich dazu schreiben? (→ Kapitel 3.3)

Freiräume und Experimente – Improvisation in der Reformationszeit

Die Reformator:innen improvisierten in einer radikalen Übergangsphase, auch unter der Freiheit des Notrechts. Bekenntnisse wurden für eine Zeit flüssiger und es kam erneut zu praktischem Wildwuchs. Die Gottesdienste wurden interaktiver und egalitärer. Teilweise nahmen freie Formen so viel Raum ein, dass sich selbst Martin Luther auf der Seite einer neuen Ordnung gezwungen sah, unter anderem für die Invokavit-Predigten 1522 nach Wittenberg zurückzukehren, um die Grenzen der neuen Freiräume zu definieren. Allein dass Andreas Karlstadt Weihnachten 1521 Messe ohne entsprechende liturgische Textilien, mit Abendmahl in beiderlei Gestalt feierte, bedurfte einer Reaktion.

Die erste Invokavit-Predigt kann als eine Anleitung zum Improvisieren gelesen werden: Luther wünscht sich keine Nachplapperer, sondern Ausübende, also auch improvisierte theologische Äußerungen und Inhalte. Unter dem Motto von 1 Thess 5,21 (»Probiert alles, das Gute behaltet!«) charakterisiert er wie Paulus eine Interimszeit des Experiments. Das geht bis zur dritten Invokavit-Predigt, in der er ungeregelte Freiräume – Improvisationsräume – bespricht.

Probiert alles

Modell: Lectio divina, offen lesen

Praktiker:innen können den Kleinen Katechismus als Praxisbuch und Skript wiederentdecken. Der illustrierte Kleine Katechismus vereinte zum ersten Mal die Praktiken des Heiligen Sehens *(visio divina)* und des Heiligen Lesens *(lectio divina)* – und diese lassen sich mit Improvisationselementen verbinden (analog zum Improvisieren mit der Bibel → Kapitel 3.1). Improvisatorisch kann die *lectio divina* zu einem komplexen Gespräch werden: mit den Glaubensquellen (den Zehn Geboten, dem Vaterunser oder dem Glaubensbekenntnis), mit Martin Luthers Ausführungen, mit den eigenen Gedanken und mit Gott. Im Lesen *(lectio)*, Reflektieren und dem mentalen Sich-Einstellen von Worten oder Sätzen *(mediatio)*, betendem Antworten *(oratio)*, auch schriftlichem Festhalten von Formulierungen und Nachwirken-Lassen *(contemplatio)* können eigene freie und spontane Ergänzungen, Ideen, Resonanzen und Wirkungen verwoben werden. Die Bilder des Katechismus ermöglichen Praktiker:innen weitere Gedankenspiele, Identifikationen, Gefühlsregungen oder Bezüge auf Symbole (beispielsweise Gottes große Hand bei der Schöpfung), Gesten, Hierarchien etc. Mit der Verbreitung solcher Printmedien und Texten der Bibel ging eine

lectio divina

visio divina

Ausweitung individualisierter, nicht von Expert:innen vermittelter spiritueller Praxis einher.

Luther agierte selbst aus der Erfahrung heraus, dass seine Theologie sich durch die spirituelle Praxis - das Improvisationspotential - der *lectio divina* veränderte. Diese Form der Lektüre als individuelle Aneignung eröffnet die Möglichkeit einer unmittelbaren Begegnung mit Unbekanntem, in dem sich die Wirksamkeit Christi und des Glaubens im Leben von jeder und jedem erweist.

Ignatianische Praktiken

Auch Reaktionen auf die Reformation verwenden Elemente der Improvisation. Ignatius von Loyolas geistige Übungen, die »Exercitia Spiritualia« von 1548, lassen sich als Improvisationsmodell verstehen. Bei den ignatianischen Übungen spielen Menschen im Geist Rollenspiele auf der Basis von Bibelgeschichten, in denen sie in einer biblischen Szene ihre eigenen Gefühle und Reaktionen in verschiedenen Rollen erforschen und Resonanzen mit ihrer Lebenssituation herstellen. Sie treten in einen inneren Dialog mit Gott. Mit der Konfessionalisierung schlossen sich die Freiräume wieder; die improvisatorischen Impulse der Reformation verfestigten sich zu neuen Strukturen.

»Herzliches Verlangen« - vom Pietismus bis zur Black Theology

Spätestens mit Philipp Speners 1675 erschienener »Pia Desideria« erhalten freie Formen – geistbewegtes Zeugnisgeben, Zungenrede und Auslegung, Lai:innenbeteiligung und Kleingruppen – erneut eine zentrale Bedeutung. Bereits Johann Arndt hatte einer kontemplativen, freien und geistbewegten Gebets- und Predigtpraxis mehr Bedeutung eingeräumt. Das geistbewegte Herz drängte zur freien Äußerung. Spener (2015) begriff freie Eingebungen aus dem Moment in Gebet und Predigt als Akte des Heiligen Geistes (44).

Außerhalb dieser Traditionslinien verliert sich die Spur des methodischen Improvisierens im kirchlichen Mainstream. Die Herrnhuter, die Erweckungs- oder Jugendbewegungen führen die Unmittelbarkeit freier Elemente fort. An den historischen Pietismus schließen freikirchliche (→ Kapitel 1.2), charismatische und pfingstlerische Praktiken an (vgl. Schweyer 2020). Heute werden freie und improvisatorische Glaubenspraktiken mehrheitlich von People of Colour im Globalen Süden gepflegt. Gegenwärtig ist ihre Glaubenspraxis der Schwerpunkt des globalen Protestantismus.

Black Theology-Praxis

L. Franklin, der Großvater von Aretha Franklin, wirkte als Baptistenprediger und Bürgerrechtler. Seine berühmteste Predigt »The Prodigal

Son« ist charakterisiert durch Wiederholung, frei-improvisierte Elemente und den wiederkehrenden Einsatz von *call-and-response* (Franklin 1989, 190–198, vgl. zum Mithören: Franklin, »Prodigal Son«). Für mehr Emotionalisierung und Interaktion setzt er die Technik des *Whoopings* ein: Er fängt in ruhiger, nüchterner Diktion an, spricht dann immer drängender, rhythmischer, beginnt zu singen, und schließlich erreicht seine Rede einen emotionalen Höhepunkt, bei dem sie mit dem Singen, Klatschen und Rufen der Gemeinde verschmilzt.

Moderne freie Formen – sowohl in der Musik, wie Spirituals oder Jazz, als auch in der religiösen Praxis – haben ihre Wurzeln im Pietismus und in der improvisatorischen Praxis afroamerikanischer Gemeinden. Beispielsweise beziehen *call-and-response*-Praktiken die Gemeinde aktiv ein: Wiederholtes spontanes Durchbrechen der Abläufe durch Sprechen oder Singen wie »God is good« – »All the time« – »Praise the Lord« rhythmisieren und strukturieren Gebet und Gottesdienst.

Call-and-response

Black Theology-Predigende greifen auf unterschiedliche Predigttraditionen zurück, sie stehen vor multikulturellen Gemeinden, wechseln zwischen diversen Stilen, Techniken, Sprachen, Gesten etc., die sie je nach Kontext nutzen (→ Kapitel 2.5).

1.2 Beobachtungen in der Gegenwart

Seit einigen Jahren erfährt Improvisation in der deutschsprachigen Gottesdienstlandschaft eine Aufwertung: Dabei ist das Kollektiv »Blue Church« um den Jazz-Musiker und Impro-Theoretiker Uwe Steinmetz zu nennen. Eigenständige Jazzliturgien wie sein Luther-Jazz-Oratorium (2020 in Berlin und 2023 in Leverkusen aufgeführt) verbinden improvisierte Musik mit dogmatischen und liturgischen Texten. Zu den Aktivitäten des »Blue Church«-Netzwerks zählen Tagungen in der Ev. Akademie Loccum 2015 und 2019, am liturgischen Institut Leipzig 2017, am Bonner PTI der Evangelischen Kirche im Rheinland 2022 sowie mehrere Festivals im Kloster Kappel. Daraus entstanden die Monografien »Jazz und Kirche« (Steinmetz/Koll 2016) und »Blue Church« (Deeg/Steinmetz 2018) sowie das Choralheft »Pilgrim« (Janne 2017).

Theatrale Impro-Gottesdienste

Auch an theatraler Improvisation orientierte Impro-Gottesdienste werden häufiger. Am 18. Juni 2017 fand in der Pauluskirche in Bremerhaven der Impro-Gottesdienst »Ich glaube, das geht auch anders!« mit einer Impro-Theatergruppe und Pfarrer:innen statt. Impro-Predigten kennzeichneten 2018 die Jugendgottesdienstreihe »You Come – JuGo« in Lübeck. In der Evangelischen Kirche Berlin-Brandenburg-schlesische Oberlausitz (EKBO) gibt es seit Jahren mehrere regelmäßige Improvisationsformate, etwa die Theatergruppe »Die Impro-Verheißung« in Neuenhagen-Dahlwitz oder, mittlerweile ökumenisch aufgestellt, die Gottesdienste der »Impros von Nazareth« (→ S. 117), bei denen ich seit 2018 mitwirken darf.

Involviertheit und Partizipation in der Kommunikation

Interaktion und Kommunikation

Improvisieren eröffnet die Möglichkeit, kulturelle Veränderungen der Kommunikations- und Interaktionsgewohnheiten in der kirchlichen Arbeit zu berücksichtigen – und für die Kommunikation des Evangeliums nutzbar zu machen. Kommunikation braucht heute mehr an Interaktion, Selektions- und Feedbackoptionen (Möller u. a. 2020). Die Erfahrung der Selbstwirksamkeit ist aus sozialer Kommunikation und Interaktion nicht wegzudenken. Was medial oder kommunikativ geschieht, aufgeführt oder gezeigt wird, verstärkt Rückkoppelungen, kleine und große Interaktionen, Rollenwechsel zwischen Zuschauenden und Agierenden. Dieser neue, schnellere Interaktionsrhythmus korrespondiert mit der generellen Verkürzung der Aufmerksamkeitsspanne – 2015 machte das Ergebnis einer Studie Schlagzeilen, der zufolge Menschen (mit 8,25 Sekunden) über eine kürzere Aufmerksamkeitsspanne verfügen als Goldfische (mit 9 Sekunden) – und aktiviert immer wieder, fordert Feedback.

Feedback und Selbstwirksamkeit machen Interaktionen interessant und erzeugen live Präsenz: Wer mit wem, wann, wo, mit welchen Unterbrechungen, welchen persönlichen Fehlern, Beziehungen, mit welchen unterschwelligen und niedrigschwelligen Reaktionen, Widersprüchen und Ergänzungen beispielsweise einen Text vor Hörenden liest, prägt die Kommunikation und macht sie »teilnehmenswert«. Selbst eine Lesung ist dem Unvorhersehbaren ausgelieferte, kontingente Kommunikation. Nur sind Menschen heute eben explizite Feedback-Möglichkeiten gewohnt, etwa über Kommentaroptionen, und schalten ab, wenn sie diese nicht haben.

Digitale Kultur, Neurowissenschaft und Cyber-Psychologie

Interaktion und Kommunikation werden durch Digitalisierung und soziale Medien entgrenzt. Agierende sind durch digitale Technologien ununterbrochen ansprechbar. Auch Verzögerungen in der Kommunikation werden als soziale Signale bewertet. Interaktion und Kommunikation sind schneller und dichter rhythmisiert.

Wie die Kognitionswissenschaft zeigt, gehen damit körperliche Veränderungen einher: Das Gehirn passt sich an (Parsons 2017). Für schnellere Kognition und Kommunikation werden andere neuronale Netzwerke aktiviert, die zugleich mit Emotionsregulation, Belohnung und der Verarbeitung sozialer Informationen verbunden sind (Christopoulos/Tobler 2022, 89 f.). Belohnungsnetzwerke schütten Dopamin aus, um Reize mit motivierender Bedeutung zu versehen.

Quantitative Steigerung von Interaktionsmöglichkeiten

Medial und digital mit anderen zu interagieren, wird für soziale Akzeptanz und Impulsbefriedigung notwendig. Das führt zu stärkerem Sich-Mitteilen, Selbstenthüllung und sozialem Risiko (Parsons 2017, 294). Damit einher gehen oberflächliche Informationsverarbeitung, schnelle Aufmerksamkeitswechsel und eine Reduktion von Erwägungsprozessen, um der quantitativen Steigerung sozialer Interaktionsmöglichkeiten neuronal gerecht zu werden. Beteiligung, Beschleunigung und Affirmation – als affektiv, emotional, neuronal-stimulierend, sozial-absichernd, biochemisch-belohnend – sind für das Improvisieren zentral. Auch deswegen ist Improvisation gegenwärtig ein angemessenes und gefragtes Kommunikations- und Interaktionsformat.

1.3 Gesellschaftliche Entwicklungen

Improvisation nimmt die Herausforderungen der Interaktions- und Kommunikationsmittel im digitalen Zeitalter produktiv auf, bringt die Kooperation zwischen Menschen in Gang und erzeugt Aufmerksamkeit. Durch die Isolationserfahrungen der Coronapandemie, Technologisierung und Beschleunigung von Interaktion und Kommunikation (vgl. Grethlein 2018, 96 f.), wächst der Wunsch nach Resonanz – nach Harmonieerfahrung und sozialer Wechselwirkung (vgl. Rosa 2016). Gesellschaftliche Trends, die dem entsprechen, wie Comedysierung, Do-It-Yourself-Kultur, Kasualisierung, Eventisierung und Liveness, bestimmen auch die Kirche an den Schnittstellen zur Gesellschaft.

Witze und Osterlachen

Für den katholischen Liturgiker Clemens Leonhard sind »Lachen und Liturgie ziemlich unkompatibel« (2019):

> Manche Prediger erzählen zur Osterpredigt einen Witz. Manche verweisen auf die Tradition des *risus paschalis,* des Osterlachens. […] Theologische Traditionen treiben einen großen Aufwand, um den Vollzug von Liturgien bis in kleine Details zu regeln. […] Wenn schon

> Liturgien so viel Kraft kosten, um einen Anschein von Verständlichkeit anzudeuten, schließt die Unkontrollierbarkeit und Unerklärlichkeit des Lachens eine Kombination mit Liturgie aus. [...] Spontaneität [ist] wichtiger für Lachen als für Liturgie. Letztere kann auch Elemente der Improvisation enthalten. Liturgien erfordern von bestimmten Rollenträgern [...] die Lösung von unvorhersehbaren, kleinen Problemen im Ablauf. Möglicherweise ist standardisiertes Lachen weniger zu genießen als spontanes. (o. S.)

Aus dieser Perspektive betrachtet passen Liturgie und Lachen nicht zusammen. Die Improvisation mit Humor aber kann gerade die unplanbare Dynamik von Liturgie positiv wirksam machen. Die Predigtschule der *New Homiletic* etwa setzt Witze als Strategie ein, um die Hörenden zu entspannen, Vergemeinschaftung und eine Verbindung mit dem Predigenden zu erreichen (Buttrick 1987, 95).

Comedysierung

Humor gehört zum Improvisieren in der kirchlichen Arbeit dazu. Improvisation durchbricht Routinen, kann Lachen auslösen und hält die Aufmerksamkeit des Publikums. Ihre Stärke liegt im Zusammenfügen von Unvereinbarem, der Auseinandersetzung mit Risiken und Unvorhersehbarem. Durch Comedy testen Menschen, was passiert, wenn sie an der falschen Stelle lachen. Sie überprüfen ihre emotionalen Reaktionen, gleichen das eigene Empfinden von Schuld, Ungenügen und Zweifeln mit den Reaktionen der anderen ab. Aus dem zweifelnden Gefühl der Nicht-Angepasstheit wird eine neue Versicherung, dass der soziale Vertrag trotzdem hält.

Comedy und Improvisation zeigen die Mechanismen von Tabuisierung und Zensur – und das ist für kirchliches Arbeiten zentral. Falsche Pietät lässt uns Lachen fürchten. Aber Jesus arbeitet mit Wortwitz und Humor (z.B. wenn er vom Kritiker spricht, der selbst mit einem Balken im Auge herumläuft, Mt 7,3–5); Gott lacht und entmachtet damit die Mächtigen und Gewalttätigen (Ps 2,4; 37,13; 59,8). Comedy und Improvisation arbeiten am Reich Gottes und gegen die Herren der Welt. Sie fördern soziale Fantasie und damit die Fähigkeit, Alternativen in einer politischen Wirklichkeit konstruierter Alternativlosigkeit zu finden.

Modell: Stand-up-Predigt

In Amsterdam steht Tim Vreugdenhil (2021) mit seiner Stand-up-Theologie auf der Bühne. Über das Format will er Menschen erreichen, die eigentlich keinen Zugang zu spirituellen Ressourcen haben.

Er beginnt mit einem säkularen Thema (z. B. FOMO – *Fear of missing out,* die Angst, etwas zu verpassen) aus den Medien, der Presse oder Philosophie; dann fügt er eine relevante biblische Geschichte hinzu und sucht nach einer Brücke. Durch diese Methode ist Vreugdenhil selbst, wie er sagt, vertrauter mit den biblischen Geschichten geworden. Denn beim Stand-up-Predigen müssen die Bibelnarrative gleichberechtigt neben dem säkularen Thema stehen können. Auf den ersten Blick teilen Stand-up/Comedy und Improvisation Humor und das Auskommen ohne Requisiten. Stand-up ist aber ein Soloformat. Ein Vergleich konturiert bereits einige Besonderheiten des Improvisierens, die im Weiteren entfaltet werden (siehe Tabelle 1).

Tabelle 1: Vergleich Stand-Up und Improvisation (nach Puckering/Knight 2014, 13)

Stand-up	Improvisation
- geskriptet und geprobt - alleine aufgeführt - basiert auf Opferrollen und Konflikten - basiert auf Gegenüberstellung und Gegensatz mit Publikum	- im Moment entstehend und flüchtig - positiv und wertschätzend - in Kollaboration mit anderen Performer:innen und Publikum kreiert und aufgeführt

DIY-Kultur

Gerade an Lebensschwellen möchten Menschen selbst gestalten. So bringt etwa bei einer Beerdigung die fünfzehnjährige Großnichte der Verstorbenen, ohne vorherige Absprache, ein selbstgemaltes und gerahmtes Bild mit. Auf der Rückseite steht ein Gedicht, das sie im Gottesdienst vorlesen und danach mit ins Grab legen will.

Kirchliche Arbeit bedeutet zunehmend, mit Menschen zu kooperieren, die erwarten, selbsttätig zu gestalten, »es selbst zu machen« (*Do it yourself* oder »DIY«). Seit den 1960er Jahren beschreiben Soziolog:innen diesen Trend, der sich durch die Covid-19-Pandemie nochmals verstärkt hat, eine kulturelle Verschiebung weg von vorproduzierten Dingen und Inhalten hin zu einem Selbst-Machen. Dahinter zeigen sich Individualisierung, Selbstverwirklichung und eine Abwendung von Institutionen und Traditionen. *Do it yourself* lässt sich als Reaktion auf die zunehmende Komplexität und Mobilität in der Gegenwartskultur verstehen.

Von der DIY-Kultur können kirchliche Praktiker:innen lernen, kreativ mit den Dingen und Ressourcen umzugehen, die zur Verfügung stehen, und Herumliegendem, Verstaubtem und Kaputtem zu neuem Leben zu verhelfen. Kirchliche Improvisator:innen arbeiten nach den Regeln der DIY-Kultur: Probleme müssen sich konkret, schnell und mit den vorhandenen Mitteln gemeinsam lösen lassen. Mängel geraten nicht als Fehler in den Blick, die den Prozess zum Abbruch bringen, sondern halten ihn, im Gegenteil, in Gang. Entscheidungen sind situativ und kurzfristig. Urheberrecht, Autorschaft oder Originalität spielen keine Rolle. Was noch da ist – Altes, Geborgtes, Gespendetes –, wird wieder wertvoll, wird in einen neuen Lebenskreis gebracht, re-cycled.

Kasualisierung

Mit dem DIY-Phänomen verbunden ist die Situationsveränderung in der kirchlichen Arbeit, die die Praktische Theologie Kasualisierung nennt. »Riskante Liturgien« anlässlich von Staatsakten, Kriegsausbrüchen oder Katastrophen (Fechtner/Klie 2011) werden relevanter. Dazu kommt eine Vielfalt neuer Lebensanlässe wie (Ein-)Schulgottesdienste, Valentinstage oder Scheidungen. Das Nicht-Situative, regelmäßige Anliegen kirchlicher Zeitordnung verliert an Bedeutung.

Lebensbezug plausibilisiert Kirche

Kasualisierung bezieht sich auf individuelle und persönliche Schwellensituationen (van Gennep 2005) in der biographischen Entwicklung. Die Aufgabe kann sein, den lebensfallbezogenen Fokus auf die Herausforderung gefährdeten Lebens und die Beziehung zu Ewigkeit und Evangelium auszuweiten. Mit der Kasualisierung plausibilisiert sich Kirche: »Darum ist das relevant für mich!«

Die Tendenz zur Kasualisierung begegnet beim Blick in den Katalog einer beliebigen Hochzeitsagentur; ein neues Gemeindemitglied wünscht sich einen Segen nach dem Zuzug ins Gemeindegebiet; oder eine Konfirmand:innen-Teamerin wünscht sich eine Transitionsfeier nach der Geschlechtsangleichung. Darüber hinaus ist innerhalb der klassischen Kasualien eine Kasualisierung zu beobachten. Hochzeiten werden zunehmend in Inszenierungen und Bildern von *Romantic Comedies* gedacht. Es gibt eine Vielzahl an Mikroskasualien und Trans-Kasualien. Menschen bringen Anlässe zu anderen Anlässen mit und tragen sie ein. Beispielsweise sollen immer öfter Gebete, Dinge und Bilder die Präsenz von Verstorbenen bei einer Hochzeit oder Taufe markieren, bei der diese nicht mehr dabei sein können.

Die Idee, dass die neue oder bekannte Kasualie allein von der Kirche oder dem/der Pfarrer:in gestaltet wird, ist kaum mehr kommunizierbar. Der Anspruch, die eigene Lebensgeschichte selbst zu deuten und den sie prägenden Ereignissen Sinn zu verleihen, geht mit Skepsis, aber auch Neugierde gegenüber Expertentum einher. Kirchliche Arbeit ist so immer häufiger punktuell, zeitlich begrenzt, auf Interaktion, Information und Ermächtigung ausgelegte Kooperation.

Kooperative Kasualien

Kasualisierung fordert den evangeliums- und kirchengerahmten Umgang mit Lebensrisiken und führt zu einer Einbettung kirchlicher Arbeit in die konkrete Situation von Menschen. Ihre Chance liegt in ihrer rituellen Dynamik: ihren liminalen, offenen Erfahrungsräumen, in denen improvisiert werden muss.

Eventisierung und Liveness

Anlässlich der Gamescom füllte sich im August 2016 der Kölner Dom mit der Laser-Musikshow »silentMOD«. In der St. Thomas-Kirche in Berlin-Kreuzberg fand am 16. März 2024 ein »Church Rave-Secret Service« statt.

Der Eventcharakter bringt heute Menschen zusammen. Auch in der Kirche sind die sichtbarsten Formate der Kommunikation des Evangeliums Events wie Jugendfestivals, Kirchentage (Wisker 2021) oder – im Gemeindeaufbaubereich – Konzertformate (vgl. Schirr 2018). Events versprechen unwiederholbare, unplanbare Erlebnisse kollektiver emotionaler Steigerung. Sie enthalten stets ein Moment von Risiko und auch von Natürlichkeit. Anders als bei einem reproduzierbaren, aufgezeichneten Geschehen sind bei einem Event, das man *live* verfolgt, Fehler und Pannen möglich; wenn sie sich ereignen, lassen sie sich nicht ausmerzen oder bearbeiten. *Live* ist das Improvisierte, das Erleben von Responsivität und Dialogizität. Ich fühle, dass ich Teil eines Geschehens bin, das körperlich und emotional relevant für mich ist, wenn es »autonom, unvorhersehbar und improvisiert« ist (Auslander 1999, 72).

Improvisieren kann die Herausforderungen und Chancen von Comedysierung, DIY, Kasualisierung, Eventisierung und Liveness in der kirchlichen Arbeit adressieren und gewinnbringend einbringen, statt für eine vermeintliche Traditionsstabilisierung dagegen zu wirken.

Improvisieren während der Lockdowns – die Covid-19-Pandemie

Im kirchlichen Handeln improvisieren zu müssen, beherrschte die Situation der Lockdowns. Kirche fand nicht mehr in Kirchen statt. Schnell richteten Kirchenengagierte improvisierte Heimstudios ein, in denen sie mit Handys filmten oder Livestreams inszenierten. Unzählige YouTube-Kanäle wurden eingerichtet, Kästen mit Gebeten und Liturgien zum Mitnehmen an die geschlossenen Kirchen gehängt, Mini-Kindergottesdienstformate für zu Hause erarbeitet und vieles mehr.

Kirche on demand

Kirchliche Inhalte wurden *on demand* (Klie u. a. 2017) produziert und je nach Bedarf verfügbar. Erstmals war es in dieser Zeit flächendeckend möglich und nötig, sich selbst (DIY) ein spirituelles Programm zusammenzustellen. Christ:innen ließen Gottesdienstbereiche mitten im privaten Alltagsraum entstehen (→ Kapitel 6.2). Bei Online-Gottesdiensten konnten alle etwas sagen und sich miteinander austauschen, und je mehr es taten, desto besser. Freie Fürbitten, Einwürfe und Unterbrechungen brachten improvisierte Elemente auch in den landeskirchlichen Pandemie-Alltag.

Auch die Erfahrungen mit religionspädagogischen Outdoor-Labyrinthen, Spaziergängen und Schnitzeljagden, liebevoll umgestalteten offenen Kirchen, mit Krippenspielen, in denen eine Person alle Rollen übernahm, der Verzicht auf traditionelle Geräte und Dinge erschütterten die Grenzen zwischen Akteur:innen und Zuschauenden, Alltag und Heiliger Zeit. Sie zeigten, dass Druck, Zeitnot und Mangel an Dingen improvisatorische Kreativität und Innovation herbeiführen (vgl. Schirr 2022, 2024).

1.4 Entwicklungen (in) der Kirche

Die Aufgabe der Kirche lässt sich als die *situationsbezogene* Kommunikation des Evangeliums beschreiben. Kirchliche Praktiker:innen arbeiten als Hüter:innen des Empfangenen, Übersetzer:innen und Aktualisierer:innen in je neue Situationen. Sie brauchen Zeit und Raum, Mut und Ressourcen zum in der Tradition und Glaubenspraxis verankerten Improvisieren, gerade weil Kirche fluider und veränderlicher wird (vgl. Ward 2001).

Veränderungsdruck

Kirche ist im Umbruch von der Volkskirche zur Minderheitenkirche. Tradierte, rituell gesellschaftlich eingebundene Glaubenspraktiken verlieren ihre Verständlichkeit und Funktionsfähigkeit. Die Kirche steht unter Veränderungsdruck, die Ressourcen werden knapp, die Gesellschaft pluralisiert sich religiös beziehungsweise areligiös.

Die Kirchenleitung der Church of England wählt Improvisation als Modell ihres Handelns (→ Kapitel 2.6). In situ-Entscheidungen lösen Einzelregelungen und Pläne ab. Die Kirchenleitung der Evangelischen Kirche Berlin-Brandenburg-schlesische Oberlausitz plante 2023, 101 Seiten Grundordnung als »Skript zum Glaubensleben« auf eine Seite zu kondensieren und entsprechend Freiräume zu vergrößern.

»Dritte Orte«, Innovationsräume kirchlichen Lebens in der Evangelischen Kirche Berlin-Brandenburg-schlesische Oberlausitz oder Erprobungsräume in der Evangelischen Kirche Mitteldeutschlands folgen den Aufbrüchen der Church of England mit »Fresh Expressions of Church« (vgl. Schirr 2010) und improvisieren neue Formen von Gemeinde sowie Ausdrucksformen des Glaubens.

Kirchliche Praktiker:innen erleben ihr Selbstverständnis und ihre Arbeitsfelder in ständiger Veränderung bei gleichzeitiger Frustration mit scheinbar unveränderbaren Strukturen. Vor Ort und an der Basis sind sie zurückgeworfen auf ihre »odysseische« praktische Weisheit, auf den kreativen Umgang mit den Menschen und Ressourcen, die noch da sind. Sie machen das Beste aus der Situation und den Zwischenräumen der Strukturen, aber agieren eben auch dauerhaft in einer Schwellensituation, in einem anhaltenden Übergangs- und Improvisationszeitraum (vgl. Wagner-Rau 2012).

Improvisieren an der Basis

Kirche-Sein und Christsein lassen die Idee von der Kommunikation des Evangeliums als Vermittlung von vermeintlich unveränderlichen Inhalten immer stärker hinter sich und werden zum experimentellen, situationsrelevanten, gemeinsamen, erfahrenen, gelebten, geteilten Tun mit eigener theologischer Sprachfähigkeit, zu einer Bottom-up-Suchbewegung (vgl. Grethlein 2018). Kirche wird in einer flüchtigen, verflüssigten Moderne nicht mehr geplant, und ihre Mitglieder definieren sich über Partizipation (Ward 2001, 56) – improvisieren wird ihr modus operandi.

Praktisch-theologisches Update – neue Ansätze und Aufbrüche

2

2.1 Theatrales Improvisieren

Theatrale Improvisation hat das Potenzial, interaktive Spielräume in kirchlicher Arbeit aufzutun und programmatisch zu erweitern. Sie entwickelt Zwischenräume in Texten, Strukturen und Mauerwerken, in denen geübte Praktiker:innen souverän und lustvoll Unvorhersehbares erwarten und experimentieren. Theatrale Improvisation sorgt dafür, dass jede und jeder mitmachen kann und sich wohlfühlt. Die Einsichten und Methoden theatraler Improvisation trainieren die komplexe Wahrnehmung von Dingen, der Umgebung, von Mit-Agierenden genauso wie die Selbstwahrnehmung, fördern Partizipation, Kooperation und Vertrauen in das Mitwirken auch von unvorhersehbaren Kräften.

In der englischsprachigen Theologie wird primär theatrale Improvisation rezipiert, allem voran in der Schule von Keith Johnstone und Viola Spolin. Wenig rezipiert wird Gary Izzo, dessen Ansatz Beteiligung aber besonders fördern kann.

Keith Johnstone, Vater des Impro-Theaters

Keith Johnstone ist neben Viola Spolin und Gary Izzo der wichtigste Praktiker und Theoretiker der theatralen Improvisation. Einige der von Johnstone (1987) erarbeiteten Regeln (siehe auch → Kapitel 8, Glossar), stelle ich als Bausteine für die Praxis der Lesenden vor und verbinde sie mit ersten Rezeptionsmöglichkeiten. Zusammengebaute Ansätze für verschiedene Arbeitsbereiche bietet Kapitel 4.

Improvisieren ist Statusbearbeitung

Johnstones wichtigste Entdeckung ist der Zusammenhang von sozialer Interaktion und dem konstruierten Status der Agierenden. Jede Bewegung und jeder Tonfall ist mit einem Status verbunden. In jedem Moment passen Menschen ihren Status der Situation ein bisschen an, erhöhen oder erniedrigen ihn.

Hoher und niedriger Status als Strategie

Hohen Status übt aus, wer sich langsam und konzentriert bewegt, den Kopf stillhält und den Blick einer anderen Person halten kann. Auf diese Weise etabliert man performativ Dominanz. Mit einem hohen Status gibt eine Person zu erkennen: »Komm mir nicht zu nah, ich beiße!« Mit niedrigem Status sagt sie: »Komm mir nicht zu nahe, ich bin es nicht wert.«

Status ist territorial. Wer viel Raum einnimmt, sich souverän darin bewegt, den eigenen Raum so weit ausdehnt, dass sich damit die Grenzen der anderen verschieben, genießt hohen Status. Das Knie zu beugen oder Prostration sind ritualisierte Wege, den eigenen Status zu erniedrigen, indem man seinen Verfügungsraum verkleinert. Wer einen Körper daran hindert, sich abzuwenden und den eigenen Raum zu definieren, zwingt ihm einen niedrigen Status auf. Johnstone (1987) nennt Jesu Kreuzigung (59) als Beispiel für den Verlust von räumlicher Selbstbestimmung oder Verdeckung. Das Gegenteil von fixierter Kreuzigung oder embryonaler Verteidigungsstellung ist die freie Cherub-Haltung: Alle Ebenen des Körpers werden aktiviert, der Kopf bewegt sich nach oben, der Hals liegt frei. Die Schultern werden nach hinten gezogen. Menschen mit hohem Status haben die Position und Haltung von Engeln.

Statuswechsel

Statuswechsel fördern Interaktion und Beteiligung. Menschen lieben es, wenn jemand einen hohen Status verliert. Johnstone vergleicht Improvisation und Opferrituale: In der Interaktion vollzieht sich ein Statuswechsel, besonders intensiv etwa bei gespielter Statuserhöhung verbunden mit tatsächlicher Erniedrigung wie beim Pflegen eines Sündenbocks oder der »Krönung« von Jesus Christus mit Dornen.

Wenn wir den Status wechseln, fühlen wir uns verwundbar. Die Aufgabe von Improvisation ebenso wie von Ritualen ist es, einen Wechsel des Status über unsichere Schwellen zu erreichen und abzusichern. Improvisation ist wesentlich durch ein Spiel mit Status und dessen Wechseln bestimmt.

Mit dem Impro-Konzept Status können kirchlich Improvisierende verstehen, dass Interaktion immer körperlich mit Machtgerangel, -verhandlungen und Ansprüchen auf Raum verbunden ist. Eine Umkehr der Rollen – biblisch begründet mit »die Letzten werden die Ersten sein« (Mt 19,30, Lk 6,20–26) – wie das Abgeben von Deutungs- und Gestaltungsmacht kann als Katalysator für kirchliches Arbeiten dienen, und helfen, spielerisch das Reich Gottes einzuüben. Wer *live* und nachvollziehbar aus der Rolle des/der Anleiter:in, Kooperationspartner:in, Seelsorger:in heraustritt, vom Lehrenden zum Unwissenden und Fragenden wird etc., fördert Interaktion, Beteiligung und Bedeutungsreichtum. (Für eine kybernetische Ausformulierung vgl. Greenleaf 1970.)

Übung: Auf Verteidigung verzichten

Die Übung könnte auch »Unterwerfung« heißen. Zwei Personen stehen einander gegenüber. Eine macht Bewegungen vor, die andere macht sie nach. Jedes Mal, wenn die erste versucht, den eigenen Status zu erniedrigen, geht die zweite verstärkt mit und macht sich so klein wie möglich. Dann wechseln beide.

Sobald diese Methode eingeübt wurde, kann sie umgedreht werden: Jede Erhöhung, als ein körperliches oder verbal ausgedrücktes Angebot, wird angenommen und verstärkt. Auch sehr kleine Statusveränderungen werden so sichtbarer.

Sei nicht originell! Spontaneität vs. Creatio ex nihilo

Wer improvisiert, tut dies gegen die eigene Erziehung (Johnstone 1987, 77). Mit dem Grundsatz »Sei nicht originell« ist der Wettbewerbscharakter der schulischen Benotung, der Beurteilung von außen angegriffen. Improvisation fördert (wie Comedy) subversive, sexuelle oder egoistische Inhalte zutage, die in der Schule unterdrückt werden, und führt in sonst blockierte Bereiche von Kontingenz und Tabu.

Wer improvisiert, muss lernen, dass je schneller, unreflektierter und unbeschützter, naheliegender und offensichtlicher er oder sie agiert, es als umso origineller (und potenziell riskanter) wahrgenommen wird. Der erste Gedanke, der kommt, muss akzeptiert werden. Was lange überlegt und zum Beispiel als geschickte Provokation vorgeplant wird, ist inhaltlich dann doch meist sehr gewöhnlich und langweilig. Wirklich subversiv oder kreativ ist das Ungefilterte und Situative. Das tatsächlich Originelle stellt sich ein, ich kann es nicht produzieren. Solche Gedanken tragen nichts zum Ablauf bei, stiften keine Kooperation, sondern wollen nur das Ich in einem besseren Licht erscheinen lassen.

Praktiker:innen sind für Johnstone (1987) nicht aus sich selbst heraus Neues Schaffende, sondern »Diener Gottes« (78). Durch sie fließt etwas hindurch, das ihnen Handlungsmacht verleiht und das sie wie ein Schwamm aufnehmen. Improvisieren ist insofern eine passiv-rezeptive Tätigkeit und zugleich ein aktives Fließen-Lassen, für das kritisches Beschauen und Zensieren abtrainiert werden müssen.

»Ja-und«

Improvisation lebt von angenommenen Angeboten, nach der Impro-Grundregel »Ja-und«.

> Es gibt Menschen, die sagen lieber ja, und es gibt Menschen, die sagen lieber nein. Solche, die ja sagen, bekommen als Belohnung die Abenteuer, die sie erleben, und die, die nein sagen, bekommen als Belohnung die Sicherheit, die sie dadurch erreichen. (Johnstone 1987, 92)

Improvisierende sagen »ja« zu anderen, zu anderem und zu sich selbst. Sie akzeptieren, dass Dinge im Fluss sind, nehmen ihr Ego zurück, kooperieren. Sie blockieren Impulse nicht, um den eigenen Status zu sichern oder Gefahren zu vermeiden.

Blockieren

Blockieren ist eine Form der Aggression. Unerfahrene Improvisierende blockieren einander ständig. Wenn ich unsicher bin, sage ich lieber: »Nein!« Praktiker:innen sind darauf trainiert, Handeln und Handlungen zu unterdrücken. Wenn es gelingt, diesen erworbenen Impuls umzukehren, hat man fähige Improvisierende, so Johnstone.

Praktisch-theologisch: »Ja-und« ist die Poesie des Möglichen. Elohim-Gott sagt »Ja-und« zu dem, was er an Tohuwabohu vorfindet (Gen 1). Ja-und ist die performative Kraft des Segnens, des Gut-Sagens (Benediktion), nie die Balance des Bestehenden, sondern ein Aufschwingen zum Reich Gottes hin. Ja-und ist angewandte Rechtfertigungslehre.

Angebote und Überakzeptieren

Johnstone (1987) nennt alles, was ein:e Akteur:in mit anderen tut, ein »Angebot« *(offer)*. Szenen, Abläufe, Pläne generieren sich »spontan selbst, wenn Akteur:innen abwechselnd anbieten und akzeptieren«. Sobald man Angebote zu akzeptieren lernt, gibt es keine Unfälle mehr, die einen Ablauf verhindern (97–99). Und auch die Gefahr, »des Guten zuviel« zu tun, besteht nicht: Die Technik des Überakzeptierens blockiert ein Angebot nicht und geht auch nicht direkt darauf ein, sondern reagiert mit maximal positivem Effekt, verändert den Rahmen gemäß dem Angebot. Überakzeptieren vertieft den Impuls, macht ihn zum Thema, verschafft ihm Raum; es verändert alles.

Über-akzeptieren

Übung: Geschenke
Alle stehen bei der Übung im Kreis. Mit einer Geste oder einem Geräusch geben die Improvisierenden einander reihum mit offenen, flachen Händen ein Geschenk - ohne es pantomimisch mitzuspielen. Der oder die Empfangende entscheidet, worin das Geschenk besteht, wie er oder sie reagiert und gibt es dann wieder mit flachen, offenen Händen weiter. Damit geht ein Umdenken einher. Ich kontrolliere das Geschenk nicht und muss es nicht interessant machen, wenn ich es gebe; wenn ich mich darauf konzentriere, es anzunehmen, höre ich auf, in Wettbewerb zu stehen; wenn ich das Geschenk, das ich empfange, interessant mache, dann baue ich eine Verbindung mit dem/der anderen auf und bin kreativer. Alles kann Geschenk sein und Material für Improvisation werden.

Variante: Beim Überakzeptieren spielen die Beteiligten, wie das Geschenk sie überwältigt und ihr Leben verändert.

Shelving

Praktiker:innen, die mit Johnstones Regeln improvisieren, »laufen« rückwärts. Sie sehen, was war, aber schauen nicht in die Zukunft. Damit die Geschichte sich, so oder so, entwickeln kann, ist sie stets aufs Neue in Balance zu bringen. Dafür müssen Ereignisse erinnert und aufgehoben werden. Johnstone nennt das *shelving:* Wie in einem Regal bewahren Praktiker:innen die Elemente auf, die schon in einer Geschichte vorgekommen sind, prüfen ihr Potenzial für das Folgende und setzen sie wieder ein. Was auf diese Weise aufgenommen wird, sättigt die Geschichte, und ein Abschnitt beziehungsweise Ende wird erreicht. Wenn die Anwesenden erleben, dass etwas wieder vorkommt, das sie schon fast vergessen hatten, ist das für sie strukturelle Katharsis.

Reinkorporation und Eigenstruktur

Mit dem Ansatz von Johnstone tritt das, was bei einer Improvisation gesagt wird, hinter das zurück, was passiert. Wichtiger ist, welche Handlung sich entwickelt. Praktiker:innen, die improvisieren, können sich auf die Struktur konzentrieren, die entsteht. Jede Geschichte versucht, sich selbst zu sättigen und am Ende den Anfang zu transformieren. Praktiker:innen brauchen sich nur darauf zu konzentrieren, dass das Ganze rundet, indem sie die Elemente so wieder einfügen, dass keines ohne Funktion in der Geschichte bleibt.

Eine Geschichte wird umso kreativer, je weniger Verantwortung die Einzelnen für die Inhalte übernehmen und je mehr sie auf die Struktur achten. Kombinieren, Zusammenhalten, Balancieren, Aufheben und Zurückbringen – das sind die Akte des Improvisierens. Aus der so entstehenden Struktur ergeben sich die Inhalte dann automatisch.

Praktisch-Theologisch: Shelving, das Aufheben von Lebensinformationen und ihre Transformation zu einer neuen Geschichte, neu eingesetzt, ist eine Grundpraxis kirchlicher Arbeit, ist Kirche. Kirchliche Mitarbeitende leisten konkrete Erinnerungs- und Versöhnungsarbeit. Sie improvisieren mit dem, was sie von Menschenlebenswegen erfahren haben. Gedenken, Achten, Würdigen, Erinnern rettet Lebende nicht und erweckt Tote nicht zum Leben, macht Wunden noch nicht heil, aber hebt sie als wertvoll auf und verbindet sie mit der Hoffnung auf das Kommen Gottes und auf Heilung.

Die Struktur kümmert sich um sich selbst

Oftmals erzählen Hauptamtliche, besonders Predigende, Geschichten über Menschen oder Dinge, die weit weg vom Hier und Jetzt sind. Ereignisse werden damit besprochen. Sie finden nicht statt. Das ist bequem für die Erzählenden. Johnstone entlarvt blockierende narrative Techniken, die verhindern, dass sich etwas ereignet, die von dem, was passieren will, ablenken *(deflect)* und es zunichtemachen *(cancel).* Ob im Unterricht, im Gespräch oder in der Predigt gilt die Forderung: Rechne damit, dass die Geschichte sich von selbst erzählt, wenn du sie lässt!

Routinen unterbrechen

Indem improvisieren jenseits der ausgetretenen Wege führt, lässt es spektakuläre Inhalte entstehen. Zuschauende fühlen sich in eine Geschichte hineingezogen, wenn Routinen unterbrochen werden, aber die Handlung weitergeht. Je mehr die Brüche auf- und ausgewertet und je weniger sie in den Normalablauf zurückgebogen werden, desto spannender und packender wird die Improvisation. Die Regeln dafür sind: 1. Unterbrich die Routine, 2. Behalte die Handlung im Blick und auf der Bühne, lenk nicht ab, bring die sich selbst entwickelnde Geschichte nicht zum Verschwinden!

Theologische Impro-Regeln – Samuel Wells

Samuel Wells (2004) hat Johnstones Impro-Regeln theologisch gewendet und auf die konkrete Glaubenspraxis übertragen: Die ganze Gemeinde antwortet auf Akte Gottes, indem sie improvisiert. Die Buchstaben der Schrift sind für sie ein Gerüst, das ihnen hilft, mit je neuen Situationen umzugehen. Besonders zentral sind dabei für Wells: 1.) *Die Ein-Übung einer anderen Wahrnehmungsgewohnheit.* Gottesdienst sieht Wells als *rehearsal,* als Proben einer Wahrnehmung von dem, was sonst unsichtbar oder an den Rand gedrängt bleibt. Improvisieren trainiert das Vertrauen in sich selbst und andere, auch nicht geskriptete Dramen des Lebens ohne Furcht zu bewältigen (3 f.).

Dazu gehören ganz wesentlich 2.) *die Erfahrung, das Verstehen und Wechseln eines Status.* Jesu Wechsel von vollmächtig zu machtlos/niedrig und wieder zurück zu vollmächtig – die Inkarnation Gottes in einen Menschen, der sein ganzes Leben lang zuhört und leidet und dann Weltenrichter wird, sind für Wells die größten Statuswechsel überhaupt. Indem Improvisierende sich bewusst auf die Dynamik des Statuswechsels einlassen, folgen sie seinem Vorbild.

Dies gilt 3.) auch für die Fähigkeit, sich auf Situationen und Angebote einzulassen, die an ihn herangetragen werden. *Jesus überakzeptiert ständig.* Wer ihm nachfolgt, lebt von Geschenken und Angeboten, unterbricht Routinen und findet Göttliches, wo niemand es wahrnehmen kann. Diese Grundregeln verändern den Habitus von Praktiker:innen, weil ihr Improvisieren Gottes Reich einübt.

Viola Spolin

Viola Spolin hat die gegenwärtige Medienlandschaft nachhaltig geprägt. Die zentralen Persönlichkeiten der amerikanischen Late-Night-Industrie vertrauen ihren Übungen und ihrer Philosophie des Improvisierens. Spolins Sohn Paul Sills gründete mit dem Ansatz seiner Mutter die Chicagoer Impro-Gruppe »Second City«, aus der Show-Größen wie Bill Murray, Mike Myers, Stephen Colbert oder Steve Carell hervorgegangen sind.

Verdichtung des Alltagshandelns

Viola Spolin (1963, 3 f.) versteht Improvisieren als Handeln *(acting),* nicht als Zur-Schau-Stellen. Jeder Mensch handelt unentwegt, deswegen kann (und muss) auch jede:r unentwegt improvisieren. Beim Improvisieren handelt es sich nicht um eine neue Fähigkeit, sondern um eine Verdichtung und Zuspitzung alltäglichen Handelns. Talent ist nicht ausschlaggebend.

Bezug zum Alltagshandeln

Auch »[c]hristlich-religiöse Praxis ist in vielfältiger Weise auf die Alltagswelt bezogen – häufig fungiert der Alltag als Kontrastfolie [...] vielfach bietet [er] aber auch selbst religiöse Signifikanz« (Roth u. a. 2024, 7). Kirchliche Praktiker:innen verwenden Alltagshandeln als Quelle und als Bezug, verbinden es, zum Beispiel diakonisch oder homiletisch, mit dem Evangelium, oder verdichten es in der Liturgie und im Gebet. (Theologisch hat Gordon Lathrop das als *Juxtaposition* entwickelt → S. 49, Kapitel 2.3).

Intuition und Umgebung

Ob jemand nach Spolin (1963) gut und wirksam improvisieren kann, hängt davon ab, wie er oder sie seine Umgebung *(environment)* und deren Objekte intuitiv und spontan erfährt. Intuition und Spontaneität lassen sich im Spielen trainieren. Dabei treten Praktiker:innen in unmittelbaren Kontakt mit der Umgebung. Diese Unmittelbarkeit löst Routinen und Grenzen auf. Sie »re-formiert Menschen zu sich selbst hin« (4).

Kirchen-spielräume

Wenige Orte und Umgebungen in der kirchlichen Praxis führen ins Spielen. Solche Freiräume sind für viele blockiert, liegen hinter unüberwindlichen Schwellen und sind verstellt durch unbekannte Regeln. Ansätze wie Kirchenraumpädagogik, *Godly Play* oder *Playing Arts* laden ein, den Kirchenraum improvisatorisch und spielerisch neu als sicheren Raum zu erleben.

Intuitive und unmittelbare Erfahrung ermöglicht für Spolin das Durchdringen und Verbundensein mit der Umgebung, ganzkörperlich und organisch, intellektuell und physisch. Mit Spolin ist Intuition keine Magie, sondern ganz alltägliches Handeln, wenn »das Richtige auftaucht«, und zwar »ohne Nachdenken« (3). (Religiöse) Erfahrung und Intuition stehen für sie im Zentrum jeder improvisatorischen Praxis. Intuition ist keine Magie, sondern verdichtete Erfahrung. Intuitionen haben Menschen, die durch Schock ihre Welterfahrung »transzendieren« und das »Areal des Unbekannten« betreten (4).

Um »ins Spielen zu kommen«, müssen Spielende sich frei und sicher fühlen. Sonst wird der Kontaktmoment der Intuition von inneren Zensurmechanismen, von einem Bewusstsein des Beobachtet-Werdens, vom Wunsch nach Anerkennung unterbrochenen.

Physikalisierung und Objekte

Spolin (1963) betont die Körperlichkeit und den körperlichen Ausdruck als Basis für das Improvisieren. Praktiker:innen lernen Improvisieren auf physische Weise, auf nonverbaler Ebene, nicht psychologisch oder intellektuell. Improvisierende müssen eine neue Realität live »gebären«, Beziehungen, Dinge und Sachverhalte als objektiviert verstehen und besprechen. Dafür zählt die nonverbale Kommunikation. Wenn klar ist, dass Improvisieren physische Kommunikation ist, fallen die Blockaden des Bewertet-Werdens, der Anerkennungssuche etc. weg. Eine Rolle oder ein

Gefühl kann geplant, durchdacht, analysiert, entwickelt werden – ohne physische Umsetzung tragen sie zur Situation nichts bei. Deswegen üben Improvisierende nach Spolin intensiv mit Objekten, Kostümen und Set-Aufbauten, aber nur, damit sie dann bei der eigentlichen Improvisation auch im echten Raum mit echten Texturen und Tiefe und Substanz umgehen können.

Den Körper in Segmenten trainieren

Spolin (1963) ist wichtig, dass die Improvisierenden durch den ganzen Körper agieren. Deswegen verwendet sie Regieanweisungen wie: »Höre das Geräusch mit deinen Fingerspitzen!«, oder: »Sieh das Buch mit dem Ellbogen an!« Ziel ist es, die zerebralen Phänomene von Hören, Fühlen und Spüren zu erweitern. Spolin fokussiert dabei auf unterschiedliche Teile des Körpers, beispielsweise wird ein Problem nur mit Händen gelöst oder ein Charakter allein über die Verwendung der Nackenmuskulatur entwickelt.

Übung: Physikalisieren

Improvisierende lernen zu physikalisieren, indem sie Objekte spontan still darstellen. Eine Übung könnte sein: Zeige uns eine (unsichtbare) Bowlingkugel! Dann müssen die Improvisierenden vorführen, wie sie sich anfühlt, ob sie kalt oder warm ist, wie schwer sie ist, wo genau die Löcher sich befinden und was passiert, wenn die Kugel die Hand verlässt. Der ganze Körper zeigt das Leben des Objekts.

Eine Steigerung der Aufgabe wäre: Werde selbst die Kugel oder ein Bowlingball!

Spuren des Jenseitigen

Spolin hat eine Reihe von »Beyond-Übungen« konzipiert, bei denen die Improvisierenden ihr Handeln auf einen Raum ausrichten, zu dem sie im Hier und Jetzt keinen direkten Zugang haben, die aber dennoch wirksam sind. Auch kirchliche Improvisierende vertiefen die Wahrnehmung und reagieren auf eine Realität, die Jenseits ist.

Praktisch-theologisch: Das berührt die Aufgabe von Gottesdienst, mit einem noch kommenden Jenseitigen zu interagieren, darauf zu reagieren und seine Spuren wahrzunehmen.

Übung: Beyond

Drei Spieler:innen improvisieren eine Szene (das Wer/Was/Wo wird vorher festgelegt). Irgendwann ruft der/die Spielleiter:in »*freeze!*« (Stopp! Einfrieren!), und ein:e der Spieler:innen wird rausgeschickt. Die anderen helfen dabei, ein Geheimnis zu kreieren, das die verbliebenen Spieler:innen (in ihren Rollen) über den/die dritte:n (in seiner Rolle) herausgefunden haben, oder das dessen Leben verändern wird. Anschließend interagieren sie mit dem/der zurückkehrenden Spieler:in, bis er/sie versteht, was in dem für ihn/sie unzugänglichen Raum geschehen ist.

Blocking

In Gremien, im Konfirmand:innenkreis wie in Gottesdiensten etablieren Menschen körperlich unsichtbare, aber spürbare *In-* und *Out-*Zonen, Barrieren oder Geheimwege. Praktiker:innen, die diese sozial und theatral erzeugten Räume wahrnehmen, können mit ihnen arbeiten, wenn sie sie respektieren. Mit ihrer Positionierung und routinierten Bewegung etablieren kirchlich Leitende – sei es in Gemeindepädagogik oder in der Liturgie – eine Hierarchie des Raums, »bewachen den Altar«, »reservieren die Mitte des Stuhlkreises«. Distanzierte Teilnehmende suchen Rückzugsorte.

Als *Blocking* (zu unterscheiden von dem, was Johnstone »Blockieren« nennt) bezeichnet Spolin das Anordnen der Dinge und Körper, um eine Bühne *(stage)* zu schaffen und Wege, Öffnungen, Handlungsoptionen etc. festzulegen. Auch das ist rein körperlich: das Aufeinandertreffen einer physischen Masse mit einer durch theatrales Handeln produzierten, imaginierten Masse.

Improvisierende müssen lernen, Raum anders zu sehen und zu verstehen, welche physischen Anforderungen eine Szene hat, und die Bühnenkonfiguration mit den Zuschauenden teilen. Es ist die Aufmerksamkeit füreinander, die das Bühnenbild lebendig hält. Indem sie Macht abgeben oder die Raumaufteilung für eine Neuverhandlung frei machen, können Improvisierende einen gemeinsam konstruierten, demokratischen Raum erzeugen.

Übung: Raum ausbalancieren

Alle Beteiligten sind angehalten, sich still frei in einem Raum zu bewegen. Dabei soll jede:r sich so bewegen, dass alle gleich viel Raum um sich haben, um sich wohlzufühlen, und der Raum soll aufgeteilt sein bzw. ausgefüllt mit den Zonen um die Teilnehmenden. In einem zweiten Schritt wird ein innerer Kreis/Zirkel definiert, in dem gesprochen werden darf. Nur wer etwas sagt, darf über die imaginierte Linie ins Zentrum des Geschehens eintreten und dort weiter sprechen und bleiben.

Jede:r muss irgendwann ins Zentrum wechseln und sich auf die Worte der Person vor ihm/ihr beziehen. Immer wenn jemand in den inneren Zirkel wechselt, müssen die Menschen außerhalb des Kreises den Platz wieder gleichmäßig aus- und auffüllen. Das Spiel endet, wenn alle in der Mitte sind.

Kontakt

Substrat von Improvisation ist physischer Kontakt. Das lässt sich mit einem Spiel üben, bei dem verbale Kommunikation nur dann erlaubt ist, wenn sie von einem physischen Kontakt begleitet wird. Auf diese Weise wird klar, wie sich Handlungseinheiten auch körperlich so in Sinneinheiten einteilen lassen, dass alle anderen mitkommen.

Praktisch-theologisch: Diese Ansätze etablieren für Praktiker:innen ein Gegengewicht gegen den Verbalzentrismus und Kognitivismus in der evangelischen Kirche, in der reflektiert und abstrahierend gesprochen wird, aber nonverbale Kommunikation und Handeln zu kurz kommen können.

Übung: Bühnenflüstern

Spolin (1963) war es wichtig, die physiologische Struktur von Sprache zu entdecken und damit zu arbeiten. Beim Bühnenflüstern (195 f.) einigen die Teilnehmenden sich auf Wer/Was/Wo (z. B. Häftlinge, Zelle, Ausbruch), dann spielen sie dieselbe Szene drei Mal durch. Das erste Mal flüstern sie, das zweite Mal schreien sie, das dritte Mal sprechen sie in normaler Lautstärke. Dabei erfahren sie, wie der ganze Körper beim Sprechen involviert ist.

Probleme und Alternativen

Improvisieren bedeutet Probleme lösen. »Es gibt keine absolut richtige oder falsche Art und Weise, ein Problem zu lösen« (Spolin 1963, 8) – entscheidend ist, *dass* es gelöst wird. Gerade die alternativen Wege, ein Problem zu bearbeiten, sind für Spolin Inhalt wirksamen Improvisierens. Improvisierende müssen wissen, wo sie sind, in welcher Umgebung, und worin genau – konkret begreifbar – das Problem besteht; sie müssen die sinnliche Welt wahrnehmen und die sozial und körperlich konstituierte, unsichtbare Realität der Bühne aufrechterhalten. Jede Improvisation ist vorbei, sobald das Problem gelöst ist. Das Lösen eines Problems setzt Energie frei.

Befreiung durch Problemdruck

Weil Probleme als Motor des Improvisierens aus dem Alltag kommen, lösen sie die Vorurteile, Annahmen, Interpretationen, Ängste ab. Praktiker:innen müssen Probleme *jetzt* regeln. So wird ein direkter Kontakt mit Problem, Menschen und Dingen möglich. Kontakt, Wahrnehmung und Handeln vollziehen sich gleichzeitig. Das lässt sich wiederum auf den kirchlichen Alltag übertragen, sofern Impro-Übungen eine gesteigerte Wahrnehmung erreichen, die dann auch den Umgang mit Problemen »jenseits« der Bühne erleichtert.

Fokus

Problemzentrierung sorgt dafür, dass Improvisierende in unmittelbaren Kontakt mit dem Material kommen. Alle Akteur:innen müssen in dasselbe Problem involviert werden. Deswegen ist der Fokus beziehungsweise der gemeinsame Bezugspunkt der geteilten Konzentration ein weiterer Grundpfeiler von Spolins Ansatz. Wie beim Fußball gilt: Alle Augen auf den Ball! Die Fokussierung auf das, was abläuft, »erledigt« die Arbeit für die Improvisierenden.

Fokus hilft, wahrzunehmen, was an einem bestimmten Inhalt gerade wichtig oder sinnvoll und welches Detail nützlich ist. Er reguliert den Rhythmus des Ablaufs, die Redeteile und die Bewegungsmöglichkeiten – wie weit kann ich mich von der Bühne entfernen, bevor ich Fokuskontakt zum geteilten Problem verliere?

Die Ablehnung von Fokus ist Menschen als Defensivmechanismus einprogrammiert. Witzeln, eigene Geschichten einspinnen, die Aufmerksamkeit auf uns lenken, alles ablehnen, was dem eigenen Ansehen schaden könnte: All das sind Mechanismen, die in der Schule vor Verletzbarkeit schützen sollen und anzeigen, dass jemand verletzt worden ist.

Praktisch-theologisch: Fokus baut die Disziplinierung der Schule, der (auch kirchlichen) Erziehung und patriarchaler Leitungsstile ab, und erlaubt, verletzbar zu werden, weil es nicht um mich geht, sondern um etwas Gemeinsames, und das Selbst sich in der Gruppe aufgehoben erlebt. Auch in den Gruppen des kirchlichen Alltags gilt es, bewertendes gegenseitiges Beobachten und Darstellen zu eliminieren und den Fokus auf konkrete Probleme zu richten.

Gebet leiten

Improvisation braucht Anleitung. Manchmal kommt das Vaterunser oder das Glaubensbekenntnis im Gottesdienst nicht ohne eine Leitungsstimme aus – etwa wenn auch Menschen mit kognitiven Einschränkungen laut mitsprechen und einen anderen Rhythmus einbringen. Der liturgisch nicht festgelegte, je nach Ortsgemeinde andere gemeinsame Rhythmus von Bekenntnis und Vaterunser wird improvisatorisch zusammengehalten, Pausen und Silben werden angepasst, damit alle sich auf etwas

Gemeinsames einigen können. Liturg:innen agieren hier durch Impulse und nehmen sich wieder zurück, sobald das Gebet stabilisiert wurde. Sie agieren als Side-Coaches.

Side-Coaching

Improvisieren nach Spolin (1963) können Praktiker:innen lehren und lernen, indem sie angeleitet werden. Spolin nennt solche Anleitung »Side-Coaching«, also Instruktion im Stile eines Basketball-Trainers, nur noch involvierter (und bisweilen auch von der Bühne aus). Side-Coaches sind für Rahmen und Rhythmus zuständig, rufen »Cut«, »Freeze«, »noch eine Minute« etc. Sie benutzen ein durchgehend positives Vokabular.

Praktisch-theologisch: Side-Coaching ist ein (aktivierend-physikalisch) ergänzendes Modell für Haupt- und Ehrenamtliche, um Interaktion, Kooperation und Vergemeinschaftung zu fördern, auch für die, die schon eine kirchliche Leitungs- oder Coachingausbildung haben. Mehr zu Improvisieren und Leiten findet sich in Kapitel 4.6.

Impro-Evaluation

Spolin gibt Vorschläge für die Auswertung und Reflexion von Gruppenformaten aus Impro-Sicht an die Hand. Sie eignen sich auch als Tool für die Arbeit an kirchlichen Gremien- und Gruppendynamiken. Die Kategorien »falsch« und »richtig« spielen keine Rolle, wichtiger sind: »zielführend«, »hilfreich« oder »umwegig«. Wenn die persönliche Bewertung wegfällt, lösen sich die Mechanismen der Selbstkontrolle auf, und die Improvisierenden wachsen. Evaluation wird objektiv: Waren Fokus und Konzentration vorhanden? Wurde das Problem gelöst? Wurde kommuniziert oder interpretiert? Wurde gezeigt oder besprochen (*show, don't tell!*)? Auf diese Weise wird die Gruppe als Gruppe beurteilt und fühlt sich auch so. Evaluierbar ist nur, was für alle sichtbar »passiert« ist, nicht wie einzelne es interpretieren. Spolin regt Improvisierende zur Selbstbeobachtung und Reflexion an, das kann auch durch Aufzeichnung gestützt werden.

Gary Izzo

Zurück zur Gruppe

Stärker als Johnstone und Spolin greift der dritte einschlägige Improvisationstheoretiker, Gary Izzo (1997), auf psychologisierende und therapeutische Ansätze zurück, teilweise in religiöser Sprache. Er bezieht sich auf die antiken Ideale von Szenenarbeit und verwendet vorbereitete Module unter Rückgriff auf die Tradition der *Commedia dell'arte.* Sein Ansatz des interaktiven Theaters bietet ein Sicherheitsgerüst, das insbesondere die Beteiligung von Lai:innen fördert.

Beziehungsarbeit

Gutes und kooperatives Improvisieren beruht für Izzo (1997) auf Beziehungsarbeit. Sie geschieht über den persönlichen Kontakt, meist nebenbei – im Gespräch während der Projektgruppenarbeit, in den Pausen, vor, zwischen oder nach den Gremien. Wenn Praktiker:innen solche informellen Interaktionen nicht als bloße Vorstufe für das »Eigentliche« sehen, sondern als eigenen, unplanbaren Arbeitsbereich, entstehen Vergemeinschaftung und Vertrauen als Voraussetzung für die formalisierte gemeinsame Arbeit:

> Als »Sternstunden« ihres Berufes bezeichnet Pastoralreferentin Elisabeth Otten die, bei denen es zum Beispiel mit Jugendlichen gelingt, tiefer in Themen wie »Was glaubst du eigentlich?« einzusteigen: »Wenn Jugendliche von selbst darauf kommen, solche Fragen zu stellen, dann ist das toll«, freut sich die Pastoralreferentin, weiß aber auch, dass davor »jede Menge Beziehungsarbeit« liegt. (Werner 2011)

Mit Izzo (1997) konstituiert sich durch Beziehungsarbeit ein performativer Raum, den er (nach der griechischen Bezeichnung für einen abgegrenzten, heiligen Tempelbezirk) *témenos* nennt, ein »heiliger Zirkel des Spiels« (49). Der *témenos* beginnt lange vor der gemeinsamen Arbeit Gestalt anzunehmen, zum Beispiel beim ersten informellen Treffen eines Ensembles in einer Kneipe. (Odysseus und Jesus investieren in den Aufbau der Gemeinschaft, bevor sie öffentlich wirksam werden, suchen Rückzugs- und Vorbereitungszeiten sowie entsprechende Räume für das Gebet.)

témenos

Damit *témenoi* entstehen können, trainiert Izzo Vertrauen: Er sorgt dafür, dass sich die Gruppe sozial annähert und einschwingt, eigene Regeln, Insider-Witze und -Geschichten aufbaut. Zusammenarbeit ist vom ersten Treffen an spielerisch. Das Ziel ist kreative Harmonie. In Analogie zur kultischen Struktur erreicht eine improvisierte Szene, die einen solchen *témenos* wieder aufrufen kann, »das Unmögliche« und »hat eine magische Qualität« (357). Praktisch-theologisch sind solche *témenoi* nicht aus Stein und Mörtel gebaut, sondern in Beziehungsarbeit je neu hergestellte sichere Orte, die wie ein »Safe Space« funktionieren:

> Im Kontext des Abbaus von Diskriminierungen wird von einem »Safe Space«, einem sicheren Ort, gesprochen, wenn sich Betroffene in einem geschützten Raum treffen können, in dem sie keine erneute Diskriminierung befürchten müssen und angstfrei von Erfahrungen sprechen können. (EKD.de, Safe Space)

Auf Heiliges vorbereiten

Für das richtige Energielevel einer Improvisation ist, wie für das Betreten eines heiligen Bereichs, Vorbereitung notwendig. Praktiker:innen müssen den eigenen Verstand verlangsamen und beruhigen. Improvisieren ist wie Sabbat (vgl. Jer 17,22). Das Heilige des Improvisierens verträgt sich nicht damit, im Spiel persönliche Probleme aufzuarbeiten. Es ist keine Therapie, sondern Kooperation. Daher ist es wichtig, die eigenen Ängste, Nöte und Blockaden wahrzunehmen und für andere wahrnehmbar zu machen, um sie für das Spiel zu suspendieren. Dazu empfiehlt Izzo (1997) Visualisierungstechniken, die der Hypnose oder dem autogenen Training verwandt sind.

Indominanz

Wie anders kommt ein:e Pfarrer:in in den Gruppenraum, wenn er/sie mit Izzo »Indominanz« als improvisatorischen Grundzustand ausstrahlt? Indominanz, eine trainierbare Umgangsform, bereitet auf das Improvisieren vor und verleiht Improvisierenden das wirkmächtige Instrument der Verletzbarkeit (→ Kapitel 4.5). Improvisation ist bewusstes Risiko für gemeindlich Leitende, wie im Theater, weil Improvisierende sich verletzlich machen und damit Vorbild für andere sind.

Vertrauen – das höchste Gebot

In der kirchlichen Arbeit ist Delegieren auch Improvisation, Vertrauen auf ein gutes Folgeangebot. Gelassen und vertrauensvoll Aufgaben aus der Hand zu geben, wird mit Izzo zur theatral informierten Dauerübung. Izzos höchstes Gebot ist: Vertraue auf die Genialität von anderen. Die Menschen, mit denen man gerade zusammenarbeitet, sind die besten und erfahrensten in der Welt, und sie sind da, damit alle gut aussehen. Izzo nennt es das Ausmerzen und Loslassen von Kontrolle. Die Kreativität des Ensembles ist unschlagbar. Der Fokus liegt auf den anderen Personen beziehungsweise auf dem Kollektiv.

Modell: Improvisiertes/Interaktives Krippenspiel

Izzos Ansatz lässt sich am Beispiel des Krippenspiels verdeutlichen und auf seine situative Belastbarkeit prüfen. Bei einem improvisierten Krippenspiel muss Vertrauen, muss ein offener, in seiner Entstehungszeit verkürzter *temenós* hergestellt werden, der einlädt, hinzuzukommen. Für viele ist es der Hauptberührungspunkt mit Kirche im Jahresverlauf.

Die Kirchengemeinde in der Neuen Vahr, Bremen, improvisierte 2023 ein Krippenspiel, bei dem Kinder ab fünf Jahren spontan und ohne Proben mitmachen konnten. Für improvisierendes Mitmachen waren die Rollen von Hirten, Schafen, Engeln und Königen vorgesehen.

> Ein Krippenspiel zu improvisieren, verstärkt die beteiligende Wirkung dieser schon populären Weihnachtstradition. Beim Krippenspiel erlauben folkloristische und allgemein bekannte, erwartbare Formen, dass auch Lai:innen mitmachen.

Traditionen aus der Commedia dell'arte – *interaktives Improvisieren*

Das Beispiel des Krippenpiels zeigt, dass die Vertrautheit mit Geschichten und Charakteren, die Erwartbarkeit der Regeln und des ungefähren Ablaufs die spontane Beteiligung auch Untrainierter (in Bremen Kinder ab einem Alter von fünf Jahren) erleichtert. Izzo (1997) übernimmt klassische Techniken aus der italienischen Komödie des 15.–18. Jahrhunderts, der *Commedia dell'arte* beziehungsweise aus der *Commedia all'improvviso,* also dem populären Straßentheater, das auf Beteiligung aus ist. Sie arbeitet mit (Stereo-)Typen, um an populäres Wissen anknüpfen zu können. Improvisation dient weniger dazu, Probleme zu bearbeiten (Spolin) oder neue Bedeutung zu generieren (Johnstone), sondern die Gesamtszene soll wirken, viele Zuschauende bewegen und fesseln, denn die *Commedia dell'arte* kommt aus dem Umfeld des Jahrmarktes. Daraus entwickelt Izzo das Format des interaktiven Improvisierens, bei dem die Partizipation des Publikums durch vorgefertigte Abläufe, Charaktere und Umgebungen, die orientieren, befähigen und absichern, gefördert wird.

In der *Commedia dell'arte* gibt es nur wenige Charaktere, und deren Eigenarten, Strategien, Wünsche sind entweder schon allgemein bekannt oder werden so etabliert, dass sofort klar ist, was sie können und was nicht. Von den fünf improvisatorischen »W's« (die elementaren drei – Wer/Was/Wo – plus Wann und Warum) – bleiben im interaktiven Theater (ob Krippenspiel oder Bibelszene) nach Izzo als »bewegliche Teile« nur noch das »Was« und das »Warum«, Handlung und Motiv.

Die Handlung (Was) ist in Izzos interaktivem Theater am wenigsten vorstrukturiert; für das »Wozu« (Motivation) stehen der Grundcharakter und seine Bedürfnisse innerhalb der Umgebung fest. Ab da führt interaktives Theater ein Eigenleben und ist freie Improvisation.

Charaktere und Schenkungen

Eine Schenkung beziehungsweise Mitgift (*endowment;* Izzo 1997, 481) ist eine Einladung an einen Gast, mitzuspielen und auf den einladenden Charakter zu reagieren, sich aktiv und ebenfalls in den Ablauf einbinden zu lassen. Das ist die Weiterführung der Übung »Geschenke« (→ S. 33). (Bspw. könnte Frau Witte aus der zweiten Reihe zur Wirtin werden. Aber wie kriege ich sie nach vorne?)

In einer theatralen Schenkung etabliert ein Darsteller eine Beziehung mit einem der Gäste, sodass diesem eine Identität, ein Ort und die dazugehörige theatrale Identität zugespielt wird. Izzo empfiehlt, sich einen »Zoo« an Charakteren zuzulegen, also bei Proben Charaktere für eine Schenkung vorzubereiten. (Jesus kann zum Weisheitslehrer werden, weil er beschenkt mit Rollenzuweisungen in den Geschenken der Weisen beschenkt wird; er wird in ein Ensemble hineingeboren.)

Eine Schenkung enthält: die Identität des Gast-Charakters, seine Beziehung zu den etablierten Charakteren und was diese sowie die Handlung durch den Gast gewinnen, was er beitragen kann. Der Wirt zum Beispiel verfügt über seine Herberge, wurde gestört und will entlohnt werden, mehr ist nicht festgelegt – der Charakter ist ohnehin nicht biblischer, sondern folkloristischer Herkunft. Der neue Charakter und seine Beteiligung müssen unbedingt notwendig für den Fortgang der Handlung sein. (Es klopft.) Sie muss entscheidend sein, aber noch nicht abgeschlossen.

Gäste werden zu Hauptpersonen

Schenkungen sollten keine Handlangerrollen ins Leben rufen. Die Charaktere der Gäste sind immer Hauptpersonen. Gäste fühlen sich schnell überfordert und fürchten, bloßgestellt zu werden. Wenn sie sofort die Kontrolle über einen gut verständlichen, essenziellen Part der Szene erlangen, möglichst ohne lange nachdenken oder gebeten werden zu müssen, ist die Chance größer, dass der Fluss der Szene durch die Schenkung nicht unterbrochen, sondern verbessert wird. Kontrolle und Handlungsmacht inspirieren Menschen dazu, diese auch zu verwenden. So funktioniert Gottes Geschichte mit den Menschen.

Theologie als Improvisation in Gottes Drama

Hans-Urs von Balthasar (1992) zufolge improvisiert die Gemeinde zwischen dem 4. und 5. Akt der Geschichte Gottes mit den Menschen (1. Schöpfung, 2. Israel, 3. Jesus, 4. Kirche, 5. Eschaton). Höhepunkt in diesem Theo-Drama ist der 3. Akt mit Gott als Zentrum der Geschichte; der vierte Akt bleibt offen und muss gemeinsam bestritten werden (Wells 2004, 47).

Ein Höhepunkt ist aus meiner Sicht die Interaktion von Jesus mit Pilatus (Mk 15,1 ff.). Odysseus stand vor dem Zyklopen und stellt sich als Niemand vor. Nun steht Jesus vor dem Präfekten Pontius Pilatus und antwortet auf die Festschreibung: »Bist du der König der Juden?« – Jesus sagt: »Du sagst (es)« (bzw. auch übersetzbar »Ja-und«). Jesus gibt an dieser Stelle seine tatsächliche und zugeschriebene Deutungshoheit und Kontrolle ab (wie Odysseus) und wechselt das Ensemble (auch um seine Leute zu schützen wie Odysseus) und geht ein neues, gefährliches, unabsehbares »Spiel« ein. Jesus sagt das folgenreichste »Ja-und« der Heilsgeschichte. Er lässt sich auf die Rolle ein, die ihm die anderen zuteilen – und verwundert Pilatus. Pilatus wiederum holt sich den Ablauf der Szene durch Frage an das Publikum ein. Das Wer/Was/Wo von Gottes größter Tat werden festgelegt – und das Neue, aus der Tradition improvisierte, die Auferstehung, das Unerwartete »Ja-und« Gottes verlässt das Skript, setzt die Gemeinde in den vierten Akt.

Mit von Balthasar (1992) ist das gesamte Drama Gottes mit den Menschen als Improvisation zu verstehen, weil menschliche Freiheit in den Kurs der Heilsgeschichte eingeht und Gottes Handeln auf eine offene Antwort angewiesen bleibt. Praktiker:innen improvisieren so mit Gott in einem soteriologisch begründbaren Freiraum.

Modell: Disponibilité

Innerhalb seines Theo-Dramas ordnet Gott den Menschen Rollen wie antike Theatermasken als Rollenorientierung zu. Ob und wie sie die Rolle annehmen, hängt von ihrer *disponibilité* ab (von Balthasar 1992, 533). Dieser Begriff des russischen Schauspiellehrers, Regisseurs und Theaterreformers Konstantin Sergejewitsch Stanislawskis, des Erfinders des *method-actings,* bedeutet so viel wie »Bereitschaft«; wer bereit für seine Rolle ist, folgt ihr nicht bloß, versucht nicht einfach, die darin gesetzten Vorgaben zu erfüllen. Vorbild ist Marias *disponsibilité* des »Ja« oder *fiat* oder *génoitó moi* (Lk 1,38).

Disponibilité ist das glaubensgemäße Grundmodell der Rollenübernahme für kirchliche Praktiker:innen – die Fertigkeit, auf der Zungenspitze und in den Händen parat zu haben, was angemessen ist, und das Vertrauen, Entscheidungen richtig zu treffen. Sie macht den ganzen Menschen für die Rolle verfügbar. Die kirchliche Berufung ähnelt dem Zuordnen einer Maskenrolle, wie die Zuordnung eines Amts, das eben auch ganzkörperlich und seelisch ausgefüllt werden kann – bis zu welchem Grad das notwendig ist, hängt von den einzelnen Aufgaben ab.

Übung: Fast Food Stanislawski für Kirchenmenschen

Johnstone (1999, 285 ff.) zufolge erfordert jede Rolle einen Sinn und Zweck *(purpose)*. Johnstone bedient sich bei Stanislawski. Der war überzeugt, dass jede:r automatisch über alles verfügt, was er oder sie für eine Rolle braucht, sobald nur klar ist, welchem Sinn und Zweck sie folgt.

Jede:r der Teilnehmenden erhält einen Zettel mit einem Subtext, der einen *purpose* festlegt: Du willst verführen, beeindrucken, stehlen, intelligent erscheinen etc. Alle spielen dann eine improvisierte Szene und verwirklichen ihren Sinn und Zweck, ohne ihn zu nennen. Wichtig ist, dass sie alles benennen können, was sie an der Verwirklichung des Sinns gehindert hat.

Variante: In der kirchlichen Variante können alle inneren und äußeren Ansprüche an das eigene Amt oder Engagement (ebenso wie alle Widerstände dagegen) aufgeschrieben werden. Dann können die Übung wiederholt und einige der Ansprüche als Sinn erprobt werden.

2.2 Musikalisches Improvisieren

Musikalisches Improvisieren kann praktisch-theologisch weit mehr leisten, als diskursive Inhalte zu illustrieren. Es führt in Kontakt und Kooperation mit Klangräumen und (Musik-)Instrumenten, mit Stille als offenem Improvisationsraum, niemals frei von Klängen der Vielfalt.

In schottisch-presbyterianischen Gemeinden etwa hat sich bis heute ein improvisatorisches Psalmensingen erhalten, das sich im 16. Jahrhundert entwickelt hat. Dabei trägt ein:e Vorsänger:in einen Abschnitt in Gälisch vor, dann stimmt die Gemeinde ein, reagiert unvorhersehbar darauf und improvisiert die Melodie. So entsteht eine Wolke aus Stimmen mit einer schimmernden Qualität, die an afrikanische Spirituals erinnert (vgl. Gaelic Psalms 2003).

Improvisiertes Psalmsingen ist nicht nur ein Modus von lai:innenengeleiteter Verkündigung, sondern ein Grundmodell für die kirchliche Arbeit in allen Bereichen zur Kommunikation des Evangeliums. Es erhält lokale Sprache und improvisatorisches Wissen, etwa Beteiligung und Öffnung zu Unvorhersehbarem, und macht die Gemeinde als Kollektiv im Gottesdienst sicht- und hörbar. Für alle kirchlichen Handlungsfelder sind Stimmen und Körper voraussetzungsarme »Instrumente«, die genutzt werden können, um improvisierend praktische Solidarität zu üben (vgl. die Übung »Tönen« → S. 109, und das Modell »Mit dem Atem improvisieren« → S. 129). Impro-Psalmodieren ist gegenüber anderen Call-and-response-Methoden auch in Rhythmus und Wechseln biblisch verankert.

Nonverbales Beten

Auch der Midrasch kennt eine Fülle klanglich-improvisatorischer Gebetsformen. »Beten hat viele Namen: *tefillah* (Fürbitte), *tehinah* (Anflehen), *le'akah* (Schreien), *ze'akah* (Weinen), *shavah* (Hilferuf), *renanah* (Gebetsweinen), *pegi'ah* (Appell), *nefilah* (Auf-den-Boden-Werfen); *amidah* (Einstehen)« (Ehrlich 2019, 3). In kirchlichen Zusammenhängen können vielfältige freie, kollektive Klangimprovisationen die Gebetspraxis bereichern, nicht zuletzt mit Blick auf die Inklusion von kognitiv eingeschränkten oder neurodiversen Menschen.

Religions- und Gemeindepädagog:innen können Stimme, Körper und Instrumente nutzen, um durch Klänge und Rhythmen Stimmungen zu erzeugen oder die chorische Position der Menge *(óchlos)* in biblischen Geschichten erlebbar machen. (Wie verändert sich das Jubelgeschrei, das Schüler:innen für den Einzug Jesu, Mt 21, in Jerusalem improvisieren, wenn für sie Jesus schon vorbeigezogen ist?) Im Unterricht lassen sich Techniken der Percussion-Improvisation einsetzen, um Ängste abzubauen (vgl. McClaflin 2020). Auch musikalische Ausdrucksformen können improvisiertes Gebet sein und an das verbale Gebet heranführen.

Jeremy Begbie – eucharistisches Improvisieren als Musikmachen

Jeremy Begbie, Theologe, Kirchenmusiker und Musikwissenschaftler, vergleicht die variierende Wiederholung des Abendmahls mit der Struktur musikalischer Improvisation (2000, 166). Wie das Abendmahl baut improvisierte Musik Spannungen auf und erzeugt den Wunsch nach Erfüllung. Im Abendmahl öffnet sich der Geist für die Vergangenheit Christi und die Zukunft des Heils, wiederholt und erneuert sich Gottes Verheißung, zugleich entsteht ein Sehnen nach Erfüllung (»bis er wiederkommt«). Dabei sorgen die verschiedenen musikalischen Ebenen (Thema, Melodie, Motiv, Notation und Töne) bei jeder konkreten Wiederholung für Variation; jedes Mal anders wirken vielfältige Schwingungen und Gefühle, Signale, Kommunikationskanäle, historische, biographische und unzählige weitere Faktoren zusammen. Die Wiederholung der Einsetzungsworte geschieht in eine je andere Situation hinein, zu anderen Menschen.

Ausstehende Erfüllung

Mit Begbie verstehen Praktiker:innen das Abendmahl als fortlaufendes, unabgeschlossenes Live-Musikstück. Das Erlebnis eines spirituell wirksamen Abendmahls beruht nicht auf seinem möglichst reibungslosen Ablauf, sondern auf dem Zusammenspiel von Einzigartigem. Die Öffnung für Unverfügbares macht es erst zu *diesem* Abendmahl.

Abendmahl als Live-Musikstück

Praktische Theologie des produktiven Chaos: *order* und *non-order*

Der Jazzmusiker Wynton Marsalis erzählt, wie 2001 während des dramatischen Höhepunkts seines Stücks ein Handy zu klingeln begann. Die gesamte Aufführung drohte zu entgleiten. Marsalis begann dann, den Klingelton Ton für Ton nachzuspielen, und variierte dazu, gewann das Publikum zurück, arbeitete sich wieder zum selben Höhepunkt vor und löste Entzücken bei den Hörenden aus (Anderson 2009, 239).

Begbie (2000) unterscheidet *order* (Regelhaftigkeit und Erwartbarkeit) von *non-order* (Chaos und Zufall). *Non-order* ist das Undefinierte, zwischen dem Schwarz und Weiß von Regeln und musikalischer Notation, nicht fehlerhaft oder falsch, sondern erstmal neutral. Improvisation betont nicht den Kontrast zwischen *order* und *non-order,* sondern deren Zusammenspiel. *Order* und *non-order* verstärken einander, indem sie die Wirkung und Wahrnehmbarkeit der je anderen Macht vergrößern.

Modell: Ordo und Kojote – kirchliches Handeln als Juxtaposition und zeremonielle Brüche

Der Ansatz von Begbie lädt kirchliche Praktiker:innen ein, ihre Pläne absichtlich durchkreuzen zu lassen. Für *non-order* stellt der Liturgiker Gordon Lathrop (2023) die Figur des trickreichen Kojoten als Prinzip für den Gottesdienst vor (27 ff.). Der Kojote durchkreuzt in der Navajo-Kosmologie die in vier Quadranten aufgeteilte Welt. Diese vier Quadranten repräsentieren für Lathrop die Ordnung auch des Gottesdienstes, die durch Juxtaposition entsteht, also durch Verschachtelung oder In-Spannung-Setzen.

Nach Lathrop ist der Gottesdienst aus Blöcken des Alltags (Symbolen, Bad/Taufe, Tisch/Mahl, Rede u. a.) zusammengesetzt, die verschränkt beziehungsweise miteinander in Spannung gesetzt werden (wie Spolin das für das Alltagshandeln in der Improvisation festhält → S. 35). Dazu finden Materialien aus dem Alltag Eingang in den Gottesdienst, die vor Gott gebracht, mit dessen Verheißung in Spannung gehalten und aufgebrochen werden. Aus der Spannung der einzelnen Teile, die einander ergänzen und befruchten, entsteht die *ordo* des Gottesdienstes, die Liturgie. Juxtaposition lässt sich auf alle Skripte und Interaktionen kirchlichen Handelns übertragen, und sie hat immer Brüche und Zwischenräume für *non-order*.

Der Kojote ist Lathrops Figur für die Improvisation in jedem Ritual, ausgelöst durch das Unvorhersehbare, durch Brüche oder »Fehler«. Der Kojote/Improvisator, der *non-order* in die *ordo* bringt und zwischen den Zeilen der Texte agiert, ist notwendig, damit das Ritual nicht leer wird, inaktuell, situationsunabhängig. Er ermöglicht für Lathrop erst Liturgie. Er setzt den Kojoten mit dem improvisierenden Jesus gleich, der bestehende Grenzen durchkreuzt und aufbricht.

Praktiker:innen lernen den Kojoten in »zeremoniellen Brüchen« (Lathrop 2023, 31) kennen: Wenn die Stimme versagt oder jemand dazwischenruft. Praktiker:innen beginnen, von Begbie und Lathrop informiert, Fehler als erstmal neutrale zeremonielle Brüche – als Angebote – weiterzudenken. Die Liturgie verträgt es beispielsweise, ab und zu angehalten zu werden, damit Raum für Unerwartetes entsteht. Wenn sich etwa in den Lesungen ungeplante Resonanzen mit etwas oder jemandem im Raum einstellen, oder jemandem eine Hostie herunterfällt, können Liturg:innen das aufnehmen, ohne es zu tabuisieren, bloßzustellen oder »weg zu kommentieren«, sondern als Beobachtung einer Spannung teilen, fragen, was das für den Gottesdienstteil heißt, Reaktionen provozieren, die Menschen im Raum durch Ungeplantes involvieren. So kann *non-order* als Wirken des »Heiligen Geists als Unruhestifter« (Begbie 2000, 11) wahrgenommen werden – und zum Improvisieren drängen, nicht aus Not, sondern als Gelegenheit.

Mit dem Vorbild der musikalischen Improvisation sind Abweichungen vom Plan keine um jeden Preis zu vermeidenden Tabus, sondern lassen sich als Angebot und Anlass begreifen, durch die die aktive Ko-Kreatürlichkeit der Welt und ihrer Materie wirksam genutzt und einbezogen wird. Indem Unvollständigkeit und Brüchigkeit, Stolpern, schief gesungene Lieder, kritische oder bestärkende Zurufe etc. improvisatorisch in die Abläufe eingebunden werden, wird (auch) die Liturgie zum offenen Kunstwerk Gottes.

Orientiert an der musikalischen Improvisation kann für die kirchliche Praxis *non-order* zum Mikrokasus werden. Der Ablauf folgt dann nicht der Intention nur einer Person. Unterricht, Gespräch, Gremium, Predigt und Liturgie werden durchlässig für eine Vielfalt an Situationen, die live, im *hic et nunc*, »geklärt« werden müssen.

John Cage – Zufall und das Ende der musikalischen Autor:innen

Die Potenziale des Zufalls als musikalisch-improvisatorischem Prinzip hat insbesondere der Komponist John Cage ausgelotet, zum Beispiel mit Würfeln, wobei jeder Zahl ein Tonwert zugeordnet wird. Cage sah Zufall als zentrales Organisationsprinzip für Musik, weil er die Schönheit und Struktur des in der Welt Angelegten, und zwar in Gänze, für die Wahrnehmenden seiner Musik öffnet, was die Weisheit »Gottesfurcht« nennt (→ S. 15). »Zufall blockiert die Ausübung der eigenen angesammelten Wissensbestände und Vorurteile/Annahmen« (John Cage zitiert nach Begbie 2000, 189).

»Event 4'33"«

Die Aufführung von John Cages »Event 4'33"« im August 1952 kann als eine Geburtsstunde der Improvisationskunst gelten. Für vier Minuten und dreiunddreißig Sekunden sitzt der Organist David Tudor am Klavier. Das Stück beginnt damit, dass Tudor die Tastenklappe schließt; zwischen den Sätzen öffnet er sie jeweils für einen Moment. Das ist alles.

Stille als gemeinsame Improvisation

»So etwas wie Stille gibt es nicht«, erklärt John Cage. Was das Publikum bei jener Aufführung von 4'33" für Stille gehalten habe, weil es nicht habe zuhören können, sei voller zufälliger Geräusche gewesen. »Beim ersten Satz konnte man hören, wie sich draußen der Wind regte. Beim zweiten begannen Regentropfen auf das Dach zu prasseln, und beim dritten machten die Leute selbst alle möglichen interessanten Geräusche, während sie redeten oder hinausgingen« (Kostelanetz 2003, 70).

Cage macht keine sinnlose Musik, sondern herr:innenlose Musik. Beim Improvisieren gibt es keine individuellen Autor:innen mehr. Am Zustandekommen von Bedeutung sind alle beteiligt – unter Einbeziehung ihrer Situation und Leiblichkeit. »Wir müssen diese Stille nicht fürchten, wir können sie lieben. Das ist ein komponiertes Reden *(composed talk)*, denn ich mache sie, wie ich ein Musikstück mache« (Cage 1959, 109 f.).

Pädagogik des kooperativen Schweigens

Eine Religions- und Gemeindepädagogik, die Schweigen positiv und kollaborativ versteht, setzt dieses zum Beispiel mit Stilleübungen auch als eigenständiges, notwendig kollektives und körperliches Phänomen ein (vgl. Su u. a. 2023). Stille und Schweigen sind mehr als eine Pause. Sie erlauben Reflexion der Verbindung zu anderen und inneren Dialog, aufgehoben in einer Gemeinschaft. In Quäkerschulen wird Schweigen als aktive, kreative Erfahrung der Beruhigung eingesetzt. Schweigen gehört ohnehin zum praktischen Wissen von Schüler:innen; sie nutzen es, um den eigenen Lernprozess zu markieren, sich zu entziehen oder Widerstand zu leisten. Schweigen ist nie passiv; selbst wenn es Nichtbeteiligung signalisiert, erhält es eben dadurch ein aktives Moment. Im Schweigen zeigt sich eine Gruppe akustisch mit gesteigerter Selbst- und Fremdwahrnehmung.

Schweigezeiten im Sonntagsgottesdienst und während der Beerdigungszeremonie können in diesem Verständnis zu aktiven Formen der Partizipation werden.

Modell: Synkopation kirchlichen Handelns

Angeregt von Begbie (2000) lässt sich Synkopation (etwa: Zusammenziehen gegen die metrische Norm) als Modell für die kirchliche Arbeit entwickeln. Synkopation ist ein Spiel mit der Zeit. Es funktioniert durch das Aufweichen starrer Muster. So folgt ein:e erfahrene:r Schlagzeuger:in beispielsweise nicht immer exakt dem durch das Metrum vorgegebenen Takt, sondern variiert, »umspielt« vor oder nach dem Beat.

Nicht perfekt zu singen, aus dem Takt zu fallen, semantisch freie Klänge einzubinden – so wie das Herbert Grönemeyer tut, der mit Worten umgeht wie ein »Jazzmusiker mit dem Saxofon, er spuckt sie aus, dehnt sie, knetet sie und erschafft eine Poesie, die bei jedem anderen nur wie ein schnöder Hustenanfall klingen würde« (Müller 2012) –, kurz, zu improvisieren, macht Musik einzigartig.

Synkopieren/Zusammenziehen arbeitet mit Vorspann oder auch Andeutung. Jazzmusiker:innen umspielen eine Melodie, nähern sich ihr improvisierend an, getragen von der Abfolge der Harmonien; auch wenn die Rahmenstruktur niemals realisiert wird, ist sie dennoch wirksam. Die Andeutung eines Ganzen kann dem Ablaufenden eine besondere Wirkkraft verleihen.

Biblisch und kirchlich ähnelt das der Dynamik des »Schon-Jetzt« und »Noch-Nicht« (Lk 17,21; Hebr 11,1), versetzt Gegenwart und Verheißung in kreative Spannung. Wie bei einem musikalischen Event erreicht das zusätzlichen Reiz und Tiefe. Es regt an, selbsttätig eine Lösung für die Spannungen zu finden. Musiker:innen sprechen davon, dass die Musik lebendig wird oder zu atmen beginnt.

Für Begbie (2000) ist das Anspielen des Evangeliums ein Grundmodell für Verkündigung. Durch zusammenziehende und vorausschauende Improvisation werden Musik und kirchliches Handeln »raspelnd« (»grated«, 221), weil die Melodie in der noch falschen Harmonie der folgenden Sinneinheit gesetzt ist. So musikalisch-improvisatorisch über kirchliches Handeln zu denken, nimmt Hoffnungsmomente und Verheißung als Irritation in das Tagesgeschäft hinein. In der Gemeindeversammlung zum Beispiel einen Moment der gemeinsamen Fahrt intensiv und mit Vorfreude zu entfalten, einen Beat länger zu halten als nötig, kann die Planung und Finanzierungsdiskussion positiv beeinflussen. Wenn es in der kirchlichen Arbeit »raspelig« wird und Widerstände auftreten, kann das an Schon-Jetzt-Effekten liegen, die die Gleichmäßigkeit irritieren.

Sonic order – die Instrumente machen mit

Eine Violinistin hat eine enge Beziehung mit ihrem Instrument. Sie kennt es körperlich, es ruht nahe an ihrem Ohr, der Kontakt löst bei ihr und dem Instrument Veränderungen aus. Die westliche Welt vernachlässigt gerne den Beitrag von Instrumenten. Sie sollen reibungslos wirklich machen, was der Geist erdenkt. Dabei gerät leicht aus dem Blick, was Begbie (2000, 233 f.) *sonic order* nennt: die Ordnung und Logik der materiellen Welt und ihrer Einflüsse auf das Hervorbringen von Tönen und Klängen.

Sonic order bezeichnet die klangliche Dimension der Impro-Kraft, die in den Dingen liegt, wie sie auch Spolin beschreibt (→ S. 36). Musik arbeitet mit Instrumenten, Geräten und Muskeln, die auch für kirchlich arbeitende Praktiker:innen eine eigene Produktionslogik entfalten, das Mitmachen fördern oder sich ihm sperrig widersetzen. Kirchliche Arbeit ist damit, wie die Aufführung von Musik, nicht abstrakt-mental, sondern angewiesen auf die materielle und geschaffene Welt, Steine, Hölzer oder (Trommel-)Felle, die zusammenwirken, um Schwingungen zu erzeugen, Luft zu bewegen, Nerven zu reizen. Die Besonderheiten und kleinen Fehler der eigenen Stimme (auch über das Mikrofon) beeinflussen alles, was Praktiker:innen sagen und wie sie es sagen. Das Holz der Bänke, der Hall der Kirchenwände und Gemeindesäle lassen eine Klangordnung entstehen, die sich nie in Gänze den Ideen der Praktiker:innen unterwirft.

Die Hände denken mit

David Sudnow (1993), klassisch ausgebildeter Pianist, beschreibt, dass ihm das Improvisieren erst gelang, als er verstanden hatte, dass die Muskeln seiner Hände besser als sein Gehirn wissen, wie man Töne aneinanderreiht. »Ich begann [die Hand] zu benutzen, sodass ich sie […] zu mir sprechen ließ, in welcher Haltung sie gerade war […]. Ich konnte Anweisungen von meinen Fingern erhalten, wie und wohin ich mich bewegen soll« (95). Auch die Hände als Instrumente denken und handeln mit. Die inklusive Pädagogik stellt Lernenden Dinge zur Auswahl (Steine,

Spielzeug, Stoffe), die sie beim Bearbeiten einer Aufgabe verwenden können, um ihr Denken zu unterstützen (Rohrberger 2011).

Gott als Improvisationspartner

Für Begbie (2000) ist kirchliches Improvisieren Gotteslob. Wenn wir nicht das Beste aus dem machen, was Gott uns gibt, und die Bewegung der Gnade weitergeben, blockieren wir ihn. Gott wird damit, über die Schöpfung, selbst zum Impro-Partner, weil er seine Liebe und Gnade in die irdischen Gegebenheiten gelegt hat. Begbie nennt das »die Musik der Schöpfung« – »die Musik der Sünde« (253) dagegen ist die Wiederholung von Phrasen, die nichts neues hinzufügen, die sich nicht in die Schöpfung einbeziehen lassen.

Predigen nach dem Jazz-Paradigma – drei Beispiele

Gegenwärtig findet musikalische Improvisation in der gemeindlich-kirchlichen Praxis am ehesten im Gottesdienst statt. Einige Beispiele sollen Vorteile und Grenzen kirchlichen Handelns nach dem Jazz-Paradigma am Beispiel des Predigens illustrieren. Dafür lassen sich vier verschiedene Typen identifizieren. Am häufigsten ist der eigenständige Vortrag improvisierter Musik. Dazu kommen Einschaltung, parataktische Wechselwirkung und synchrone Wechselwirkung. Die drei letzten Typen stelle ich mit Beispielen vor; sie laden dazu ein, in der eigenen Praxis in gewünschter Intensität und Abstufung zu experimentieren.

1.) *Einschaltung.* Andrea Bieler predigte am 20. Juni 2004 in einem Universitätsgottesdienst in Hamburg zu den Klageliedern (vgl. Schirr 2019):

> Die Frage ist, ob der Sprach- und Klangraum, den die Klagelieder für uns eröffnen, heute Abend noch etwas anderes für uns bereit hält? Ob wir in der Dissonanz der Töne und in der Klage, die hier gestammelt wird, etwas von Gott finden, das uns hilft zu leben. [...] Die Klage beginnt mit einem Aufschrei. Im Hebräischen heißt er Echa. ((Die Klarinettistin improvisiert den Schrei.)) Echa ist der Schrei, der sich jenseits des geformten Wortes entfaltet [...]. (Bieler 2008, 53 f.)

Doppelte Klammern markieren den Ort, an dem die Musikerin Ko-Subjekt der Predigt wird. Mit dem improvisierten Schrei setzt sie *non-order* zu den Worten. Die Predigende inkorporiert das Improvisierte. Im improvisierten Klang soll etwas von Gott wahrnehmbar werden, das den

Predigtmonolog destabilisiert. Die Predigerin verringert ihren Status für die Zeit der Einschaltung. Die Musikerin nutzt die beschriebenen Szenen und Praktiken als Material für ihre Improvisation und setzt eine Atmosphäre. Alles, was die Predigerin weiter über »Echa« sagt, arbeitet mit diesem einmaligen Klangereignis.

2.) *Parataktische Wechselwirkung.* Julia Koll beschreibt ihre Erfahrung eines Jazz-Gottesdiensts im Oktober 2016, bei dem Saxofon-Improvisation und Rede in einer längeren Sequenz aufeinander folgen:

> Ich weiß nicht, was genau geschehen wird. Umso neugieriger bin ich jedes Mal, wenn ich den letzten Satz eines Abschnitts gelesen habe, wie das nun klingen wird, welche Atmosphäre das Saxophon aufnehmen und hinzufügen wird. [...] Ein-, zweimal verstehe ich sofort – ein starker, überschwänglicher Einsatz [...] Aber es sind nicht nur Kommentare [...]. Ich spreche nicht ins Leere, sondern in einen gestimmten Raum. Und ich tue dies mit zunehmend gespitzten Ohren. [...] Ich bleibe bei meinem Text, aber ich spreche anders. Meine Haltung ist eine andere. Ich erwarte, was kommt [...] ich versuche, mit meinem Sprechtempo, meinem Tonfall meinerseits einzugehen auf das, was ich [...] höre. (Koll 2018, 147)

Die Predigerin nimmt den Raum und ihre Kolleg:innen anders wahr als sonst. Sie ist zugleich aktiv und rezeptiv, aufmerksam und vertrauensvoll. Sie steht unter Anspannung, folgt Vermutungen und nonverbalen Stichworten. Anders als beim dissonanten Klang im vorigen Beispiel ist hier *non-order* weniger irritierend, dient eher der Ergänzung des Skripts, die Predigerin »bleibt beim Text«, »spricht anders«.

3.) *Synchrone Wechselwirkung.* Auf dem EKBO-Pfarrer:innentag 2019 wird Bischof Christian Stäblein von Uwe Steinmetz am Saxofon bei einem *Move*/Gebet begleitet. Ich gebe meine Notizen wieder:

> Der Bischof spricht und schaut ab und zu auf einen kleinen Handzettel. Dann fängt Steinmetz an, auf dem Saxofon zu improvisieren. Zuerst spielt er im Hintergrund, wird dann lauter, übernimmt mehr und mehr akustisch Dominanz. Bischof Stäblein wird in seiner Rede beschleunigt. Einzelne lauter werdende Sequenzen von Steinmetz bringen ihn dazu, selbst lauter zu werden, und der Bischof adaptiert

den Rhythmus des Saxofons, löst sich zunehmend vom Zettel. Die Energie steigert sich, bis das Gebet abrupt vorbei ist.

Hier wirkt die Musik direkt auf die mindestens skizzenartig vorgeplante Rede (Handzettel) von Bischof Stäblein ein, beeinflusst sie in Rhythmus und Lautstärke, wird zur treibenden Kraft. Improvisierte Musik hat sonst eher untermalenden, kommentierenden Charakter. Hier interagieren die Beteiligten simultan und nicht im sequentiellen oder einmaligen Wechselspiel wie in den beiden anderen Beispielen.

Die Gemeinde kommt in keinem der drei Beispiele vor. Das Paradigma des Jazz für kirchliche Improvisation folgt, anders als theatrales Improvisieren, stärker einer Trennung zwischen Bühne und Zuhörenden. Fähige zeigen, was sie können, die anderen hören zu. Improvisation ist eingegrenzt produktiv, verändert nicht die Grundstruktur, sondern »fließt« zwischen Uferbegradigungen. Predigende, die so abgesichert experimentieren, entwickeln eine andere Wahrnehmung für das Situative und die Dialogizität des homiletischen Aktes – sie integrieren Vielfalt und sind nicht mehr Allein-Autor:in. Je mehr musikalisch gleichberechtigt (→ S. 100) und mit Beteiligung vieler Anwesender improvisiert wird (vgl. die Übung »Tönen« → S. 109), desto mehr spirituelle Wirkung und Bedeutung wird erreicht.

2.3 Tanz-Improvisation

Tänzerische Improvisation wird bisher praktisch-theologisch kaum rezipiert, obwohl sie Impulse für die körperliche und nonverbale Ebene kirchlicher Zusammenarbeit geben kann.

Nach dem Jam

> Maya Sielmann hat zerzauste Haare und ihre Augen strahlen. Sie habe bei der Jam [eine Übungseinheit in Kontaktimprovisation] spielerische Freude an der Bewegung gespürt, an der Improvisation und daran, ihre eigenen Impulse auszuleben. Sie mag die Kommunikation auf der Tanzfläche. Körpersprache sei authentisch: »Wer braucht schon Worte«, sagt sie und lacht. (evangelisch.de 2012)

In der Kontaktimprovisation (KI), die sich aus dem Jazz und Kampfsport (Aikido, Capoeira) in den 1950er Jahren entwickelt hat, bemühen sich Tanzende, die Bewegungsmöglichkeiten einzelner Körper(-teile) in einem Körperverbund zu erforschen. KI will Aufmerksamkeit und Achtsamkeit fördern und die Responsivität des eigenen Körpers erforschen.

KI stellt eine Ergänzung zum Improvisationsverständnis von theatraler und musikalischer Improvisation dar. Sie arbeitet mit Techniken, die *Moves* genannt werden – das Heben von Schulter und Hüfte, Kopf-zu-Kopf-Improvisation, Bodenbewegungen auf allen Vieren. *Moves* werden als antwortende, dialogische Gebilde erlebt, Bewegung wird als kollektiv vernetzt neu wahrgenommen.

Wahrung von Körpergrenzen

Achtung: Vor dem Hintergrund von sexualisierter Gewalt und grenzüberschreitendem Verhalten dürfen die Partner:in-Methoden der KI nur sensibel, einvernehmlich, mit entsprechender Risikoanalyse etc. ausgeübt werden - auch in der Interaktion mit hauptamtlichen Kolleg:innen. Für die kirchliche Arbeit insbesondere mit Schutzbefohlenen sind lediglich kontaktarme oder kontaktlose Einsteigerübungen der KI geeignet, bei denen das Arbeiten mit dem eigenen Körper und Kontaktflächen an den Händen oder Armen ausreichen. Nicht nur jede und jeder, sondern eine Leitung ist für den sicheren Umgang mit Körperlichkeit, das Wahren oder Übertreten der eigenen Körpergrenzen und der von anderen verantwortlich. Dann kann KI dafür sorgen, dass der stille Körper neu zum Instrument des Improvisierens wird.

Vertrauen und Training ermöglichen Gespür für das Verteilen von Körpergewicht, das stille Festlegen von gemeinsamen Bewegungsrichtungen und -zonen. Tanzende sind abhängig von der Verlässlichkeit und Kontingenz des eigenen und von anderen Körpern.

Körperstudien

Praktisch-theologisch wurde KI im deutschsprachigen Raum bisher kaum rezipiert. Die US-amerikanische feministische Theologin Margaret Kamitsuka (2007) versteht KI als Praxis, die konkrete Solidarität und nonverbale Kommunikation einübt. KI macht das Mehr (noch theologischer als bei Kamitsuka könnte man sagen: Transzendenz) an kooperierenden Körpern erfahrbar – eine *Live*-Umsetzung der Imago-Dei-Lehre (Gen 1,28) und eine Realisation von Gemeinde als Leib Christi (Röm 12, 1 Kor 12).

Live-Imago-Dei

Improvisationstanz ist für Kamitsuka nicht das Gegenteil von Choreografie, sondern ermöglicht die Wahrnehmung und das Bearbeiten von im Körper eingefleischten Routinen und Disziplinierungen (z. B. Stillsitzen). Die körperliche Erfahrung von Desorientierung durch KI kann lehren, mit Andersheit und Unsicherheit umzugehen, auf physischer Ebene anderweitig schwer zugängliche Erfahrungen zu machen – von Ausgrenzung und Unsicherheit, von unterdrückten oder fragmentierten Identitäten –, und Hierarchien auf der physischen Ebene zu verstehen. Praktiker:innen lernen durch KI, das eigene Gewicht einzusetzen (analog zu verbaler Kommunikation) und Verbindung und Gleichgewicht zu erreichen (analog zur Solidarisierung). KI ist mit Kamitsuka machtkritisch. Sie macht spürbar, wie Macht in jedem Zusammenwirken von Körpern wirksam ist.

Modell: Praktische Perichôrese – trinitarisches Improvisieren

Tanzen macht die Trinität erlebbarer. Bruce Ellis Benson (2013, 148 ff.) und Jeremy Begbie (2000, 246 ff.) schlagen ein Modell des trinitarischen Improvisierens vor. In der Dogmengeschichte wird die Trinität traditionell als Kreistanz von Vater-Sohn-Geist *(perichôresis)* beschrieben. Jede Person der Trinität füllt mal die eine, mal die andere Position aus. Alle nehmen aufeinander Rücksicht, sind verbunden, und nur gemeinsam erreichen sie die Figur des Tanzes, konstituieren eine Einheit, ohne darin zu verschmelzen.

Perichôresis beinhaltet eine Beziehung von Personen, die beim Tanzen auch improvisieren, obschon sie eine feste Grundform einhalten: Eine Person kreiert eine neue Bewegung, die anderen reagieren darauf, um Form und Verbindung aufrechtzuerhalten, fügen irgendwann auch ein eigenes Element hinzu. Die Aussendung des Sohnes ist dann der explizit improvisatorische Moment, der den geschlossenen Tanz aufbricht und die Menschheit einbezieht, angeleitet vom Heiligen Geist. So tanzen und improvisieren Mensch und dreieiniger Gott, verlassen sich aufeinander, geben Impulse und interagieren.

Tänzerisch leiten

Gegenüber dem ausdefinierten Kreis- und Gesellschaftstanz als Paradigma für kirchliches Handeln und Leiten (vgl. Barentsen 2019) vermittelt KI einen Pragmatismus der gleichberechtigten, frei beweglichen Körper. Mit KI wird die körperliche Choreografie jeder kirchlichen Interaktion für Praktiker:innen sichtbar: Wer bestimmt die Bewegungen, wer gibt die Impulse etc.? Kein Amt und keine Rolle können ohne Gegenseitigkeit und Bezogenheit, ohne Anmut, Rücksicht und eine tänzerische Flexibilität (auch der Zuständigkeiten), ohne Reaktion auf andere bestehen. Ein fester, eingestimmter Kreis von Tänzer:innen hingegen geht keine Risiken ein und dreht sich um sich selbst. Alleine tanzen bringt noch weniger.

Anders als der perichoretische Kreistanz improvisiert KI aber ohne festgelegte Bahnen und testet das Vertrauen und die Abstimmung zwischen Körpern und mit dem eigenen Körper – und ist zunächst ein Imago-Dei-Experiment mit einzelnen oder im Gegenüber von zwei Körpern. Wenn drei und mehr Menschen kontaktimprovisatorisch agieren, wird es komplexer und vergleichbar mit dem Kreistanz.

Small Dances

Beim *small dance*, der während der Covid-19-Pandemie verstärkt praktiziert wurde, geht es um eine einfache und voraussetzungsfreie Körpermeditation. Zuerst nimmt eine Einzelperson eine bequeme Position im Stehen ein, dann geht sie innerlich den Körper auf der Suche nach Spannungen und Dysbalancen in der Haltung durch. Es geht dann darum, mit der Zeit stärker wahrzunehmen, dass auch der Körper niemals stillsteht, sondern immer in Bewegung ist. Den Tanz des eigenen Körpers zu beobachten, kann viel Zeit in Anspruch nehmen. Praktiker:innen können aber erforschen, was für Impulse der Körper auslöst und verarbeitet, wie er Bewegung und Stabilität verhandelt. Das kann ein Grundmodus für Improvisation sein, die bei körpereigenen, körperproduzierten Ausgangsimpulsen ansetzt und beobachtet, wie der Körper auf unser Beobachten seiner Eigenaktivität reagiert.

Berührung

Die Dimension der Berührung macht das ganze komplexer: Bei der Praxis des *rolling-point-of-contact* berühren sich zwei Körper an einer Stelle, zum Beispiel der flachen Hand. Praktiker:innen tauschen Impulse aus. Sie beobachten, wie ihre Körper verbunden sind und reagieren, wenn sie den Kontaktpunkt fließen lassen *(rolling)*, das heißt ihm folgen, nie loslassen, mit Druck und Gegendruck etc. arbeiten. Finger an Finger beispielsweise geht es um Richtung, Schulter an Schulter um Balance.

Körperverhandlungen

Wenn in einer Tanzimprovisation eine Person mit einem Arm einen Rhythmus einbringt, werden alle Mitimprovisierenden mit einer Herausforderung konfrontiert. Sie können 1.) den Impuls aufnehmen und ihn in den eigenen Rhythmus überführen; sie können 2.) eine Gegenaktion einbringen – dadurch kann sich ein Konflikt zwischen verschiedenen Abläufen und Standpunkten auflösen, aber auch ein Antagonismus entstehen, der die Gemeinsamkeit unterbricht; oder aber 3.) der Impuls läuft aus, verliert sich, wird nicht aufgenommen, ignoriert.

Praktisch-theologisch: Praktiker:innen schulen so die Fähigkeit, gemeinsam körperlich und still zu improvisieren. Sie erkennen und bearbeiten die körperliche Dimension ihrer Zusammenarbeit, Feedback, Vertrauen, Hierarchien und Blockierungen. Die Körper improvisieren mit.

Tänzerisches Improvisieren priorisiert pragmatisch-körperliche Zusammenarbeit vor dem Darstellen von Kunstfertigkeit, das bei der theatralen und musikalischen Improvisation im Zentrum steht. Damit gelangen wir an eine Zwischenstation, die kirchliche Praktiker:innen umdenken lässt.

2.4 Improvisieren in Praktischer Theologie und Religionspädagogik

Improvisation in der Praktischen Theologie

Improvisation beschäftigte die Praktische Theologie lange im Zusammenhang mit der Möglichkeit und den Gefahren der freien Predigt und der »homiletischen Präsenz« (vgl. Lehnert 2010, Meyer-Blanck u. a. 2011). Nach dem Paradigma des Jazz und unter anderem in Reflexion der Experimente des »Blue Church«-Netzwerks (→ S. 20) wird dann vor einigen Jahren »Improvisation als ein wesentliches Gestaltungsmerkmal der Liturgie, als ihre essentielle Klangfarbe« verstanden und weiterentwickelt (Deeg/Steinmetz 2018, 12). Improvisation ermöglicht im Gottesdienst einen offenen Freiraum, einen »Klangraum [...] und Resonanzraum des Glaubens« (Deeg 2018, 295), der die fixen Strukturen der Agende konzeptionell ablösen könnte. Jazz im Gottesdienst lässt eine neue Improvisationskultur aufblühen und prägt eine »improvisatorische Haltung« aus, in der Praktiker:innen mit einem gesteigerten Hörverstehen und hoher reaktiver Offenheit für die die Situation »Andere und Anderes«, letztendlich »die Gegenwart Gottes« erwarten (Koll 2018, 148). Improvisation macht menschliche (homiletisch, liturgisch, didaktisch, poimenisch, kybernetisch u. a.) Präsenz offen für die Erfahrung göttlicher Präsenz. Die religiöse Inszenierung von Präsenz, und eben auch des Heiligen, sucht in der kirchlichen Praxis immer mehr nach neuer Anschlussfähigkeit, denn die Gegenwart Gottes wird im Traditionsabbruch kaum noch erfahrbar gemacht (Burrichter 2023, 23).

Improvisatorische Haltung

Neben dem Erzeugen von Glaubens- und Klangräumen der Improvisation, in dem Gottes Gegenwart wahrnehmbarer werden kann, können Praktiker:innen mit dem Paradigma des Impro-Theaters Improvisation als Präsenzschule erforschen. Impro-Theater als Paradigma für die kirchlichen Arbeitsfelder orientiert auf die wechselseitige, kollektive und dialogische Erzeugung von Präsenz. Die katholische Theologin Daniela Kornek beispielsweise setzt Methoden des Impro-Theaters bei der Ausbildung von Pastoralreferent:innen im Bistum Münster ein. Improvisation ist für sie ein Lehr- und Lernsetting für Präsenz, denn sie bringt, bei gelungener Interaktion »überraschende Präsenz« (Kornek 2023a, 27) hervor, wenn sich Spielende aufeinander einlassen. Praktiker:innen übertragen die Erfahrung von Selbstwirksamkeit aus ihren Workshops in ihren Berufsalltag. Sie erlangen eine größere Beziehungsorientierung und Ausdruckskompetenz und die Motivation der Erfahrung göttlicher Gegenwart im freien Zusammenspiel.

Impro als Präsenzschule

Kornek (2023a) formuliert praktisch-theologisch, neben der schon bekannten Regel des »Ja-und« (→ S. 32) zwei weitere Regeln, die »schon auf plakative Weise Verknüpfungsmöglichkeiten zu christlichen Haltungen und zu Grundzügen der Pastoral« eröffnen (26.) Die Verküpfung von »Ja-und«-Momenten – letztendlich von Annahme – steigert die Präsenz auf einer Bühne. Das ermöglicht, »unter eschatologischem Vorbehalt« Dinge überzeugend präsent zu machen, die noch verborgen erscheinen (27). Die zweite Regel ist daher: »Mache die anderen groß!« – und das heißt: Verstärke ihre Präsenz! Theologisch vertieft das Johnstones Statuswechsel zur Bewegung vom Rand der Gesellschaft ins Zentrum, zur Option für die Armen. Die dritte Regel lautet: »Retten ist Pflicht!« Wer ins Stocken kommt, kann sich darauf verlassen, abgelöst und unterstützt zu werden – oder in der Terminologie von Gary Izzo – im *témenos* abgesichert zu bleiben.

Mache die anderen groß!

Retten ist Pflicht!

Impro-Theater eröffnet die Wahrnehmung von Handlungs- und Spielräumen, wenn es mit pastoralen Räumen zusammengedacht wird (Kornek 2023b), also mit den größer werdenden Zusammenschlüssen von katholischen Gemeinden. Das Trainieren einer Präsenz, die überzeugend auf Jenseitiges verweisen kann, schult auch die Wahrnehmung von Möglichkeitsräumen. Raumveränderungen und Raumstörungen lernen Praktiker:innen im Impro-Theater kreativ, räumlich und körperlich, zwischen unveränderbaren Strukturen und Raumgrenzen zu meistern.

Improvisation in der Religionspädagogik

Nach den neuesten Erkenntnissen der Lern- und Unterrichtsforschung lassen sich Lernprozesse als Improvisation verstehen, als krisenhaftkontingente Erfahrungen. Lernende müssen vertraute Routinen verlassen (können). Ungewissheit ist der konstruktivste Moment des Unterrichts. Die Vorstellung einer durchgehenden Plan- und Messbarkeit von Unterrichtsgeschehen ist damit unvereinbar.

Impro-Kinder-wissen

Kinder geben Wissen – besonders subversives »Kinderwissen« wie Witze oder Schimpfwörter, Reime oder Kampfrituale – über Spiele weiter. Sie kennen die unregulierten Freiräume, die sie dazu brauchen, sehr genau. Die Energie für einen solchen Lernprozess beziehen sie aus dem Risiko und der Gefahr, aus Herausforderung und Humor. In der normierten Schullogik hingegen wiederholen Kinder und Jugendliche lediglich vorher festgelegte Inhalte. Sie bekommen gesagt, wie man es vor ihnen gemacht hat, und sie nehmen das zur Kenntnis. Je weniger sie vom vorgezeichneten Weg und von der richtigen Antwort abweichen, desto bessere Noten erhalten sie. Effektiver ist das von Kindern und Jugendlichen selbst organisierte aktuale Problemlösen, und zugleich das »So-tun-als-Ob« im Improvisieren.

Religionspädagogik als Improvisation schließt an performative Didaktik (vgl. Klie/Leonhard 2008) und theatrale Improvisationspraktiken an, die ihrerseits der Pädagogik wichtige Impulse verdanken. Auch Johnstone und Spolin rekurrieren auf pädagogische Grundprinzipien wie: Akzeptieren/Bestätigen, Ablehnen, Zustimmen/Nicht-Zustimmen, Anweisen, Nachfragen/Bohren, Herausfordern, Testen (Johnstone 1987, 100 f.). Lehrende, die Improvisation zur Kernkompetenz entwickeln, schaffen fluide Räume, in denen Schüler:innen kooperativ und kreativ als Ensemble lernen.

Schwellenpädagogik – Alptraum oder Ermöglichungsraum?

> Es ist der Alptraum von Referendaren, aber die Realität vieler Lehrer: unvorbereitet in den Unterricht zu gehen. Denn die 26 Wochenstunden sind ohne die sogenannte Schwellenpädagogik nicht zu schaffen, man überlegt sich also erst beim Übertreten der Türschwelle zum Klassenzimmer, was man im Unterricht macht. (Lehrergeständnisse 2014)

So beginnt ein Bericht, in dem ein Lehrer seinen Arbeitsalltag schildert – um dann mit der Feststellung zu enden: »Ich muss daran denken, was mein geschätzter Latein-Kollege sagte, wenn er nicht vorbereitet war: ›Das werden die besten Stunden.‹ Ich muss zugeben, dass ich diesem Satz mit zunehmender Erfahrung mehr und mehr zustimme« (Lehrergeständnisse 2014).

Schwellen-pädagogik 2.0

Die meisten Lehrenden verstehen Schwellenpädagogik als den Umständen geschuldete Verlegenheitslösung. Vielleicht ist es an der Zeit, den Begriff ritualtheoretisch neu zu prägen: als Chance, Kinder, Jugendliche und sich selbst in produktive Schwellensituationen zu führen. Abzubiegen, zu erforschen und den Einfällen der Schüler:innen nachzugehen, erscheint eine bessere Ausrichtung von Unterricht als das Vermitteln von fixiertem Wissen. Jakob Muth, Professor für Pädagogik, schreibt 1970: »Unvorhersehbare Situationen, die den stetigen Unterricht und die kontinuierliche Planung durchkreuzen, führen oft zum Gelegenheitsunterricht, sofern sie für das Lernen fruchtbar werden können und die Schüler so stark ansprechen, dass sie psychische Sperren gegen den planmäßigen Unterricht haben« (Spalte 1025). Mit dem Konzept des »pädagogischen Takts« hat Muth eine vielfach, u.a. von Jörg Zirfas oder Wolfgang Klafki (2019), rezipierte Strategie entwickelt, um das Potenzial, das hier verborgen ist, zu nutzen. Pädagogischer Takt lässt sich als »Kunst des richtigen Verhaltens in pädagogischen Interaktionen« verstehen, »die je nach Situation, je nach Verhaltensbegriff und je nach pädagogischer Intention unterschiedlich aufgefasst werden muss« (Burghardt/Zirfas 2019, 9) – beruht also ganz wesentlich auf Improvisationsfähigkeit. Ähnlich spricht Bernd Schröder (2021) von didaktischer Präsenz in Anlehnung an liturgische Präsenz – also bei der Sache sein und »Signale und Beiträge der Schüler für einen gemeinsamen Lernprozess fruchtbar machen«, »lebendig und stimmig bleiben im eigenen Ausdruck, im Kontakt mit der Lerngruppe« (569f.)

Gelegenheitsunterricht

Pädagogischer Takt

Alexander Hoffelner (2023) legt mit Feldstudien und Interviews von Lehrkräften aus verschiedenen Fachbereichen empirisch dar, dass Improvisation dem pädagogischen Handeln inhärent ist, aber nicht strategisch eingesetzt oder entwickelt wird. Improvisation versteht er als Annehmen und Integrieren eines Impulses, der üblicherweise als Störung wahrgenommen oder ignoriert wird. Alle von Hoffelner Interviewten betrachten Improvisation als zentral für ihre Arbeit. Mit mehr Erfahrung übernehmen sie situativ Konzepte der Schüler:innen und »brauen etwas im Labor nach« (230).

Improvisierter Unterricht folgt keinem vorgefertigten Schema F, sondern erfordert eine andere Art der Vorbereitung und ein Repertoire, auf das zurückgegriffen werden kann. Für die Lehrerin Maria Stein (Biologie und Umweltkunde, Mathematik) übersteigt aber etwas ihr Repertoire: Improvisation ist für sie eine »Gott-Metapher« und mit ihrem Glauben verbunden; improvisieren ist göttlich, weil es »über den Dingen schwebt«, alles durchwirkt und, »wie das Göttliche, nicht beeinflussbar« ist (Hoffelner 2023, 232). Sie vertraut darauf, dass sie situativ ihre eigenen Wissens- und Fertigkeitsgrenzen überschreiten kann – dass im Improvisieren Göttliches dazukommt.

Die zentralen Ziele pädagogischer Improvisation bestehen nach Alexander Hoffelner (2023) darin, die Schüler:innen ins Zentrum zu stellen und ihnen den Raum zu geben, in dem sie verschiedene Lösungswege ausprobieren können. Eine Klasse wird als Gruppensubjekt wahrgenommen, das sich entwickelt; Abweichungen vom Plan sind eine Chance, das Terrain, das sich damit eröffnet, zu erkunden; Lehrende navigieren dabei mit Stimmungen, Atmosphären, Affekten; Reaktionen wie Lachen oder Staunen begleiten das Lernen als Feedbackmechanismen.

Improvisation in der Seelsorge

In der Seelsorge herrscht die vielleicht größte Unsicherheit für kirchliche Praktiker:innen. Menschen und Notsituationen in ihrer Vielschichtigkeit wahrzunehmen, Krisenszenen zu bewältigen und Unvorhersehbares in actu zu integrieren, gehört aber zu den seelsorgerlichen Kernkompetenzen.

Keith Johnstone (1987) verweist auf die Ähnlichkeit zwischen den Grundregeln der Improvisation und den therapeutischen Techniken, wie sie etwa in einem Lehrbuch für die Interaktion mit Patient:innen aus dem Jahre 1963 aufgeführt sind. Genannt werden darin unter anderem Schweigen, Akzeptieren, Anerkennen, offene Gesprächsangebote machen (»Gibt es etwas, über das Sie reden möchten?«), allgemeine Fährten aufzeigen (»Und dann?«), Einordnen (»Was war davor?«), Beschreibungen oder Wahrnehmungen anregen (»Wie sah das aus?«), Beobachtungen machen (106).

Krankenhäuser sind desorientierende, gefährliche, oft unwürdige Orte. Dem Professor für Krankenhausseelsorge Edward Wimberly zufolge fühlen sich angehende Seelsorgende dort häufig einem Perfektionsideal verpflichtet und fürchten, ihm nicht gerecht zu werden.

> Einer meiner Studenten hat seine wöchentliche Praxisreflexion über die Angst geschrieben, in ein Krankenhauszimmer zu gehen, um eine:n Patient:in zu besuchen und nicht zu wissen, was passieren wird. [Er] wünschte sich ein Skript, das ihm sagt, was er in welchem Moment sagen soll. (Feldbush 2023, o. S.)

In der klinischen Seelsorgeausbildung wird mit »Verbatims«, also schriftlich dokumentierten Seelsorgegesprächen gelehrt und gelernt. Interaktionen und Körperliches treten dabei ganz hinter die sprachliche Äußerung zurück. Wenn man mit Verbatims als Skript neue Szenen improvisiert, ist das wieder aufschlussreicher und bereitet auf den Arbeitsalltag vor, in dem es keine Skripte mehr gibt.

Improvisierende Krankenhausseelsorgende

Auch der US-amerikanische Seelsorgelehrer Mark A. Feldbush (2023) thematisiert die Angst, zu versagen, die Angst vor der Konfrontation mit Traumata, Sterben und Leid. Seelsorgende können sich absichtlich von ihrer Angst als Indikator für das Betreten von Schwellensituationen leiten lassen. Als Sicherheitsnetz dienen ihnen dabei ihre eigene Spiritualität und ihre spirituelle Praxis.

Seelsorge ist für Feldbush *creatio ex materia* und *creatio continua* – ein improvisatorischer Prozess, der als Material die Emotionen und Ideen der Gesprächspartner:innen verwendet, um eine Szene zu strukturieren. Dabei definiert Feldbush (nach Röm 15,13) Hoffnung als das Ziel von Seelsorge – je unterschiedlich angefragt, immer schon beginnend mit dem Da-Sein als ein Gegenüber, das genauso Gotteskind ist und aus Gottes Liebe schöpft.

Improvisieren und Leiten

In der Management-Literatur boomt Improvisation als Methode der Effektivitätssteigerung: Leitende sollen keine Pläne machen, sondern aufmerksam wahrnehmen, was anliegt. Entscheidend sei nicht, vorbereitet, sondern präsent zu sein und aus der Situation heraus die wirksamste Problemlösungsstrategie zu entwickeln. Kirchlich Leitende sind demgegenüber aus biblischer und aus Impro-Sicht nicht in erster Linie selbst Performer:innen, sondern Side-Coaches (→ S. 41), deren Aufgabe darin besteht, kollektive Prozesse zu begleiten.

Impro-Kirchenleitung

Auf die ekklesiologischen Herausforderungen der Gegenwart hat die anglikanische *Faith and Order Commission* der Church of England mit dem Konzept der *faithful improvisation,* der »glaubenstreuen Improvisation« reagiert (Higton/Loveday 2016). Die Problemlagen und die Organisation des Glaubenslebens sind so divers geworden, dass Improvisation die Modelle der Ordnung abgelöst hat. Die Kommission bezieht sich auf die theologische Rezeption von Improvisation durch Jeremy Begbie und Samuel Wells (→ Kapitel 2.1 und 2.2). Ausbildung in der Tradition, in Glaubenspraxis und Wahrnehmung der Gegenwart sind für die Kirchenleitung wie für Impro-Musiker:innen notwendig. Dann steht Praktiker:innen eine Vielzahl von Ressourcen zur Verfügung, um neue Situationen zu bewältigen. Improvisieren bedeutet nach der Auffassung der anglikanischen Kommission leiten im engeren Sinne: Es organisiert situationsangemessene »Ordnungen des Lebens« traditions- und bibelkonform mit vorläufigen Strukturen und Verhandlungen. Beispielsweise muss situativ geklärt werden – oder ungeregelt bleiben –, wie das Online-Abendmahl aus Leitungssicht bewertet wird (→ S. 145) oder wie sich das parochiale Prinzip (jede Kasualie muss von einer Ortsgemeinde verantwortet und in die Kirchbücher eingetragen werden) und Spontan- oder DIY-Kasualien durch Pfarrpersonen ohne Ortsbezug (zum Beispiel auf einem fahrenden Spreedampfer) vereinbaren lassen.

In der Geschichte des Christentums gibt es kein einheitliches Modell von Leitung. Es bietet sich ein fluides Bild von Anpassung, Aufteilung und Kooperation. Das Verhältnis und die Spannung zwischen unterschiedlichen Diensten, zwischen einfachen Mitgliedern einer Gemeinde und Ordinierten sowie zwischen lokaler und translokaler Leitung werden den aktuellen Umständen entsprechend jeweils neu verhandelt und ausbalanciert.

Kirchlich Leitende finden ganz unterschiedliche Gebräuche, Habitus, Sprachen, Traditionen etc. vor, agieren unter verschiedensten Herrschaftsformen, sozialen und kulturellen Umständen. Sie versuchen das Individuell-Örtliche (Lokalität) und das Übergreifende (Katholizität) sowie die Tradition (Apostolizität) in Spannung zu halten. Das erforderte kreative und flexible Improvisation.

Borgen und Anleiten

Um dies zu bewältigen, »borgen« (Higton/Loveday 2016, 54) Leitende von jeher Modelle, Strukturen, Ideen, Praktiken und Organisationsformen aus einer Vielzahl von Bereichen wie der Wirtschaft, Politik, Medizin oder dem Militärwesen und den damit verbundenen Weltsichten, Verhaltensweisen, Wertesystemen. »Bischof«, »Pastor«, »Diakon«, »Priesterin« oder »Älteste« sind alles Funktionsbezeichnungen, die aus der nichtkirchlichen Welt stammen und im kirchlichen Kontext eine Neuinterpretation erfahren haben. Leitende improvisieren also zwischen Aneignung und Ablehnung des Übernommenen im Lichte des Evangeliums. Dabei können sie sich am Improvisationsspiel der Bibel orientieren, das sich immer wieder ändert und erweitert, von Moses bis zur Stadt Gottes, mit Gott und Evangelium im Zentrum – Leiten als Verbindung mit dem Geist und mit den Glaubenden, ohne starre Grenzen zwischen Lai:innen und Ordinierten, offen für Fehler, lokal und translokal, kontextuell und transkontextuell.

Zwischenergebnis: Vom präsentierenden zum partizipatorischen kirchlich-gemeindlichen Handeln

Theatral, musikalisch und tänzerisch Improvisierende erleben mehr Kreativität, wenn viele beteiligt sind. Die Ergebnisse und die Wirkungen lassen sich nicht auf die herausgehobenen Fähigkeiten einzelner zurückführen. Sie sind ein *group effort.* Das resoniert mit der Doktrin des Priestertums aller Gläubigen (Hebr 10,19).

Für kirchliches Handeln eröffnen die gezeigten improvisatorischen Kooperationsformen eine neue, produktive Unterscheidung, wie sie der Ethnomusikologe Thomas Turino (2008) pointiert mit seiner Gegenüberstellung von präsentierendem und partizipatorischem Improvisieren formuliert hat. Präsentierende Praktiken zeigen die besonderen Fertigkeiten von Menschen, auf der Bühne, unter Zeitdruck, scheinbar aus dem Nichts, Inhalte generieren und darbieten zu können. Partizipatorische Improvisation dagegen ist zutiefst kooperativ, rücksichtsvoll und intensiver vernetzt. Bei partizipatorischer Improvisation gibt es keine Trennung zwischen Zuschauenden und Teilnehmenden. Ziel ist es, möglichst viele der Anwesenden in den Ablauf zu involvieren.

Partizipatorische Improvisation profitiert von einer Vielzahl an Befähigungsstufen der Beteiligten. Beim gemeinsamen Improvisieren können sie sich an denen orientieren, die schon geübter sind als sie. Damit alle involviert bleiben, muss die Herausforderung immer weiter gesteigert werden. Sie braucht Wiederholung, formularische Grundformen und ein offenes Ende.

Praktisch-theologisch: Es lohnt sich, dies beispielsweise für den Gemeindegesang zu durchdenken: Soll er präsentierend kunstvoll sein – ist das näher an Gott? Oder kann er schief und einfach sein, ist er dann näher am Gekreuzigten und der Vielfalt der Körper der Gemeinde – mit Fähigkeit, Stimmbruch und Menopause (Vgl. Schirr 2019)?

Die Unterscheidung als Grundmodus kirchlichen Handelns zeigt noch einmal die folgende Tabelle 2.

Tabelle 2: Vergleich partizipatorischen und präsentierenden kirchlichen Handelns

Partizipatorisch	Präsentierend
- kurze, offene, häufig wiederholte Formen - abgefederte Anfänge und Enden - intensive Variation - individuelle Virtuosität wird heruntergespielt - hochgradig repetitiv - wenige dramatische Kontraste - konstanter Rhythmus/Metrum/Groove - dichte Texturen - Stück als eine Sammlung von Ressourcen, die in jeder Performance neu umgewandelt werden; wie die Form, Regeln und praktizierten Züge eines Spiels	- geschlossene, geskriptete Form, längere Formen und kürzerer Einsatz der verfügbaren Formen - organisierte Anfänge und Enden - individuelle Virtuosität wird betont - Wiederholungen werden mit Kontrasten ausbalanciert - viele verschiedene Kontraste als Struktur - Veränderlichkeit der Rhythmen und des Metrums möglich - transparente Texturen/Klarheit wird betont; variierende Texturen und Dichte als Kontrast - Stück als Set

2.5 Interkulturelles Improvisieren

Improvisieren als Solidarisierung

Interkulturell oder Schwarz geprägte kirchliche Praktiker:innen begreifen Improvisation als interkulturelle Kompetenz. Cornel West (2001) zufolge ist Black Theology ein »improvisatorischer Modus vielgestaltig-proteanischer, fluider und flexibler Einstellungen gegenüber der Realität, skeptisch gegenüber Entweder-oder-Perspektiven, dogmatischen Ankündigungen und Überlegenheitsideologien« (104).

»Black Theology« ist nicht als abgeschlossene Bezeichnung zu verstehen. Es gibt keine »authentische« Black Theology, keine essenzielle Kategorie »Black«. Die Vielfalt an Selbstverständnissen unter diesem Label ist gerade der Grund, warum Black Theology so viel mit Improvisation zu tun hat: In schwerpunktmäßig Schwarz geprägten Kirchengemeinden ist Improvisation die Strategie, um mehrere kulturelle Traditionen vereinbar zu machen, Unterschiede zu verhandeln und – immer wieder neu – in Balance zu bringen (vgl. Alcántara, 2015, Schirr 2018).

Unterschiede ausbalancieren

M. Shawn Copeland (2000), Schwarze, katholische, feministische Theologin, entwickelt aus der spezifisch kulturellen Erfahrung afroamerikanischer Christ:innen das Konzept einer improvisierten Solidarität. So wie Jazz aus dem Leiden der Versklavten entstand, benötige gegenwärtige Theologie einen kreativen Umgang mit Leid, um es auf eine je zu evozierende Solidarität hin transparent zu machen; Kirchenpraktiker:innen müssen demnach, wie Jazzmusiker:innen, trainieren, mit Grenzen und Ausgrenzung zu arbeiten und sie zu überwinden. Jazz als global-Schwarzes Phänomen kann somit Vorbild für eine Solidarisierungspraxis sein, weil es eben auch eine soziale Bewegung war, verwurzelt mit der Afrikanischen Diaspora, in Africatown, Gee's Bend, in der »Harlem Renaissance«: Das Abweichen von fix vorgegebenen Skripten rückt Machtverhältnisse in den Blick, lässt diese beweglich werden oder gibt zu erkennen, wo sie sich der Veränderung entziehen.

Kulturgrenzen testen

Modell: Crossover Preaching – Cleophus J. LaRue

Der Schwarze Theologe Cleophus J. LaRue (2000) hat den Ansatz des *Crossover Preaching* entwickelt. So wie in der Musik zunehmend Stile und Genres verschmelzen, könne auch die Homiletik von einer solchen Kombinatorik profitieren. Predigende sollten in der Lage sein, zwischen freien, improvisatorischen und anderen Predigtstilen zu wechseln, abhängig von den kulturellen Prägungen der Anwesenden, zumal in Gemeinden, in denen die kulturelle Zusammensetzung von Veranstaltung zu Veranstaltung variiert. In den USA, Großbritannien oder den Niederlanden etwa ist das schon Alltag, in Deutschland zunehmend spürbar.

Die Arbeit in inter- oder multikulturellen Kontexten setzt ein Wissen um interne kulturelle Gewohnheiten, Witze, Anekdoten etc. verschiedener Gruppen und Traditionen und die Fähigkeit voraus, dazwischen wechseln zu können. Für Weiße, landeskirchlich sozialisierte Praktiker:innen ist das eine Herausforderung. Aber zunächst sichtbar zu machen und zu verstehen, dass man eine bestimmte Identität repräsentiert, die sozial konstruiert und verhandelbar ist, eröffnet die Möglichkeit, das Improvisieren mit Identität zu einem wesentlichen Bestandteil jeder ausdauernd und ernsthaft betriebenen Predigtpraxis zu machen.

Improvisieren mit Identitäten

Mit dem Schwarzen, interkulturell arbeitenden Prediger Gardner C. Taylor (vgl. Alcántara 2015, 191–236) verstehen kulturübergreifend Predigende, dass die kulturelle und ethnische Identität, die ihnen andere oder die sie sich selbst zuschreiben, ihre Predigt durchdringt und wesentlich bestimmt. Sie gehen dann spielerisch damit um. Predigende brauchen mehrere kulturelle Perspektiven, und sie werden vom Evangelium in eine offene, transkulturelle Position versetzt, wie das die Autor:innen der biblischen Bücher bereits als Wirken Gottes erlebt haben (Apg 2). Das Evangelium wäre reduziert, wenn es nicht die Möglichkeit eröffnen würde, kulturelle Grenzen zu überschreiten. Deshalb ist Crossover Preaching mehrstimmig.

Kulturell geprägte Sprache muss allerdings mit Bedacht eingesetzt werden. Wer mit Alltagssprache, Jugendwörtern und Slang predigt, macht Investitionen in den Kommunikationsvorgang, die wohlüberlegt sein müssen, sollen sie ihren Wert nicht verlieren. Der Rückgriff auf Schwarze kulturelle Predigtelemente wie »whooping« (→ S. 20) kann, unsensibel eingesetzt, kulturelle Aneignung darstellen. Kulturell geprägte Improvisationstechniken wie Psalmodieren, Rhythmisieren, die Verwendung eines Beats, Steigerung, Gesang etc. sprechen die eine Gruppe vielleicht unmittelbarer an, stoßen eine andere jedoch womöglich vor den Kopf.

Aus der Perspektive der *Black Homiletic* erfordert improvisieren im kirchlichen Alltag also interkulturelle Kompetenz. Dazu gehören Rollenwechsel; die Fähigkeit, mit unterschiedlichen Stilen, mit Brüchen und Mehrdeutigkeit, Druck und Stress umzugehen; die Neugier, sich auf bisher unbekanntes kulturelles Material einzulassen, sich ihm anzupassen, ihm Elemente zu entleihen, sie sich zu eigen zu machen, mit dem Risiko der Vereinnahmung und des Missverständnisses (vgl. 1 Kor 9). Die dafür nötigen, zentralen Impro-Strategien – Spiel, Einschwingen, Zusammenarbeit, Experimentieren – fasst Jared E. Alcántara (2015, 240–267) in dem Akronym »PACE« *(play, attunement, collaboration, experimentation)* zusammen.

Play

Ob beim Lesen, Predigen, auf dem Feld der Pädagogik oder im Alltag: Interkulturelles Improvisieren bringt Praktiker:innen in die Zone des Spiels. Spielen erleichtert interkulturelle Interaktion und Kommunikation, denn es führt aus der unbewussten Komfortzone. Wer spielt, kann Unbekannte und Unbekanntes leichter einschließen, Grenzen überschreiten und erweitern. Spielen macht aus Fremden Freunde und erlaubt, in interkulturellen Freiräumen Risiken einzugehen, ohne unsensibel zu werden. Folgt man Alcántara, können Praktiker:innen ins interkulturelle Spiel kommen, wenn sie bei ihrem Manuskript anfangen und einen spielerischen Umgang mit dem Text entwickeln. Es gilt nicht, den Text möglichst treu umzusetzen. Predigende verwenden ihn als »Notfall-Netz«, auf das sie zurückfallen dürfen und das sie mit Menschen unterschiedlicher kultureller Prägung in ein dialogisches Wechselspiel bringt. Alcántara (2015) nennt diese Technik »Internalisierung« oder »Verinnerlichung« (241 f.).

Internalisierung schafft Freiräume innerhalb des Gerüsts eines Manuskripts, indem Praktiker:innen mit auswendig gelernten Passagen arbeiten; allerdings ist Internalisierung aufwendiger als bloßes Auswendiglernen – Predigende müssen die Bedeutung und das Ziel der Rede so tiefgehend verinnerlicht haben, dass sie sie auf vielerlei Arten und Wegen vortragen können. Sie verschaffen sich situativ Spielraum durch die vorgelagerte Versicherung. Verinnerlichen erhöht dann das Interaktionslevel mit den Hörenden. Wer liest, soll lesen; wer spricht, interagieren und spielerisch einen Weg finden, den die unterschiedlichen Menschen vor ihr oder ihm gerade brauchen. Wer sich in der Welt des Textes sicher fühlt, kann sich auf die verschiedenen Welten der Hörenden und die gemeinsame Situation einlassen.

Internalisierung

Sobald Sprechende, zum Beispiel Predigende, ihr Gegenüber in ihrer Verschiedenheit anschauen können, beginnt eine komplexere Kommunikationssituation. Der Unterschied zwischen dem geschriebenen und dem gesprochenen Text wird fühlbarer: Was ist hinzugekommen? Was ist konkreter geworden? Das Manuskript wird nicht abgeschafft, sondern durch das Verinnerlichen für die Kommunizierbarkeit so anders vorbereitet, dass Platz für einen gemeinsamen Prozess des Dialogs geschaffen wird. Ein Schritt weiter in einer anderen Variante wäre, ein Manuskript von vornherein unabgeschlossen zu lassen (vgl. die 4/5 Predigt → S. 99)

Modell: »Unmittelbar predigen«

»Unmittelbar predigen« (Alcántara 2015, 243 f.) setzt Hörende unvoreingenommen in eine spielerisch offene biblische Szene. Dieses Vorgehen spielt mit biblischer und gegenwärtiger Zeit und Situation, indem sie sie ineinander setzt. Diese Technik kommt aus der Untergrundreligion der Versklavten in den USA: Sie sangen und beteten nicht über David, sondern zu und mit ihm. Jakob und Mose, Josua, Noah und Daniel waren für sie Zeitgenossen, lebendige Glaubenshelden. *Spirituals* lassen biblische Geschichte hier und jetzt stattfinden und die Singenden Teil davon werden. Martin Luther King Jr. nannte beispielsweise die weißen Gouverneure die »Pharaonen des Südens« (→ S. 17, Kap 1.1).

Unmittelbar predigen

Attunement

Attunement/Einstimmen ist das Einschwingen in den Raum, in dem man predigt (Alcantára 2015, 246 ff.). Praktiker:innen nehmen sich Zeit, um in Kongruenz mit ihm zu kommen. Sie betrachten ihn nicht als austauschbar, sondern als geprägt durch die je spezifischen kulturellen, interpersonellen, spirituellen und lokalen, historischen, psychologischen, akustischen, architektonischen, wirtschaftlichen etc. Gegebenheiten. Sie konzentrieren sich jeweils auf den physischen, den gestalteten, sozialen und den symbolisch-imaginierten Raum (Lefebvre 1991). Diese Räume predigen mit, und das kann ich nutzen, wenn ich sie für mich jeweils neu in ihrer Vielfalt erschließe. In der Ausbildung oder beim »Probe-Predigen« können die verschiedensten Räume des Predigens ausprobiert werden, nicht nur der Seminarraum und die Kanzel, sondern auch mal die Straßenecke – um zu sehen, wie der Ort dieselbe Predigt verändert.

Collaboration

Kulturelle Vielfalt in der Ausbildung

Nicht nur durch Globalisierung und Migration ist Predigen heute sichtbarer eine interkulturelle Aufgabe. Das war es schon immer, wenn man die Vielfalt der Gottesdienstbesuchenden genauer wahrnimmt. Denominationsübergreifende Zusammenarbeit (Alcántara 2015, 258 f.), Erfahrungen und Austausch erweitern das Repertoire an Predigt-*Moves* und -Genres und fördern Improvisationskompetenz.

Improvisation als Antwort auf zunehmende kulturelle Diversität fordert eine Reform des homiletischen Ausbildungscurriculums, das kulturelle Differenz eher auslöscht, als sie (anzu-)erkennen und einzusetzen. Angesichts der zunehmenden kulturellen Unterschiede der Studierenden an den Hochschulen und Universitäten können bestimmte improvisatorisch erlebte Blockaden als kultureller Dissens verstanden und dann fruchtbar gemacht werden. Predigtmodelle als kulturell bedingt zu verstehen und in ihrer Vielfalt gleichberechtigt einzusetzen, trägt diesen Impuls weiter.

Experimentation

Interkulturelle und situationale Kollaboration führt dazu, dass sich das Repertoire an Predigt- und Andachtstechniken kirchlicher Praktiker:innen erweitert, und das wiederum eröffnet neue Möglichkeiten zu experimentieren (Alcántara 2015, 261 ff.). Mit *call-and-response,* dem Einsatz von Exkursen, Genrewechseln, Anekdoten etc. bleiben die Hörenden involviert. Wer den eigenen Stil, das eigene homiletische Grundschema durch andere kulturell oder konfessionell markierte Techniken erweitert, lässt Vielfalt und Inklusion zu.

Ethnographie in der eigenen Gemeinde

Indem Praktiker:innen sich als Ethnograph:innen auch der eigenen Gemeindekultur begreifen, versuchen sie, die kulturelle Einbettung –

beispielsweise der Predigt – durch ein vertieftes Verständnis der kulturellen Prägung der Hörenden (ggf. auch mit der Hilfe von Interviews) zu verstehen. Leonora Tisdale (1997) nennt das *Local Theology* und *Folk Art.* So ist es möglich, unter dem, was schon da ist, das passende zu finden und gegebenenfalls zu erweitern. Um dafür eine Ideenbank aufbauen zu können, muss man die eigenen Muster erkennen, oft genutzte Phrasen, Illustrationen, Konzepte betrachten und mit anderen Mustern und kulturellem Material anreichern. Auf eine fertige Sammlung von Tropen zurückzugreifen ist improvisatorisch ebenso unproblematisch wie das Wiederholen von Inhalten. Es kommt darauf an, die für die jetzt und hier anwesenden Menschen richtigen Inhalte auszuwählen – darin besteht der improvisatorische Predigtakt, nicht im Erfinden von etwas Neuem.

Wie überraschend scheinbar Selbstverständliches aus anderer Perspektive sein kann, zeigt eine Studie von Mark Allan Powell (2007). Er hat untersucht, wie Lk 15 in verschiedenen Kulturen gepredigt wird, in Russland, Tansania und den USA. Vor allem mit Blick auf das Sündenverständnis zeigen sich dabei kulturelle Unterschiede. Die US-amerikanischen Prediger:innen stellten das verschleuderte Erbe in den Mittelpunkt, die Russ:innen fokussierten auf das Verlassen der Familie, die Tansanier:innen sahen eine »strukturelle Sünde« im Versagen der Gesellschaft, die es zuließ, dass der Sohn in der Fremde Hunger litt.

Interkulturelle Strategien - LEAD

Mit den Maximen von »LEAD« (*Listen, Engage, Assess, Decenter,* also: Zuhören, Sich-Einlassen, Beurteilen, Dezentrieren) bietet Alcántara (2015) Praktiker:innen eine Orientierung, um ihre interkulturellen Fähigkeiten zu erweitern: *Zuhören* bedeutet, mit radikaler Offenheit auf Differenzen zu achten und diese als Thema und Material der Predigt zuzulassen; die eigenen Beispiele und Anekdoten darauf zu prüfen, was sie über die eigene kulturelle Position aussagen, gibt zugleich Aufschluss darüber, wessen Erfahrung mehr Gewicht beigemessen und wessen Perspektive weniger Bedeutung zugeschrieben wird. Das *Sich-Einlassen* auf interkulturelle Erfahrungen, andere Stile und Frömmigkeiten ist hilfreich. Je ökumenischer, desto besser, je mehr Perspektiven, desto reicher. Praktiker:innen anderer Traditionen zu begleiten, bei ihnen zu hospitieren, erweitert das Repertoire. Zu *beurteilen,* wo die eigene kulturelle Prägung Grenzen mit sich bringt, inwieweit die persönliche interkulturelle Kompetenz ausreicht und inwieweit nicht, ist Voraussetzung dafür, andere zu verstehen und kulturelle Grenzen zu überschreiten. *Dezentrieren* schließlich bedeutet, sich vom Monokulturalismus weg zu bewegen. Improvisatorisch orientierte Praktiker:innen verstehen Fremdheit und Irritation als Zeichen, dass sie auf dem richtigen Weg sind. Die eigene Sozialisation zu reflektieren, führt weg von der Idee, dass es in der Verkündigung oder anderem kirchlichen Handeln *ein* Zentrum geben könnte oder sollte.

2.6 Improvisieren und Ritualisieren

Improvisation und Ritual sind keine Gegensätze, für die das Prinzip der völligen Freiheit einerseits und das der exakten Wiederholung andererseits bestimmend wären. Beide Sozialpraktiken führen Menschen in einen experimentellen Schwellenzustand, in dem sie die Wirklichkeit sozial bearbeiten und rekonstruieren können. Wie man dorthin gelangt, ist heute abhängig von vielen neuen Ritualen.

Trauer-zitronen

Während eines Video-Anrufs im Januar 2023 erzählten mir Hinterbliebene eines verstorbenen Berliner SPD-Politikers, dass die Beisetzung auf Mallorca, die Trauerfeier aber in Berlin-Tempelhof stattfinden sollte, wo der Verstorbene lange lebte und ich der zuständige Pfarrer war. Neben dem Grußwort der ehemaligen Regierenden Bürgermeister von Berlin, Michael Müller und Klaus Wowereit, fehlte den Angehörigen eine Form der Beteiligung der Anwesenden. Da der Verstorbene Zitronen liebte und noch dreiunddreißig Tage vor seinem Tod einen Zitronenbaum gepflanzt hatte, erfanden wir zusammen, was wir das »Zitronenritual« nannten: Jede:r Teilnehmende der Trauerfeier erhielt am Eingang eine Zitrone, die die Frau des Verstorbenen aus Mallorca mitbringen würde und die alle während der Lesungen und Lieder in der Hand aufwärmen und mit Erinnerungen verbinden sollten. Auf dem Höhepunkt der Feier legte jede:r eine Zitrone vor eine Ansammlung an Dingen, die den Verstorbenen repräsentierten, unter anderem Bücher, die ihm wichtig waren; seine Kamera; eine »Helmut Schmidt-Mütze«. Danach waren die Gäste eingeladen, eine der mit den Erinnerungen und der Wärme von anderen aufgeladenen Zitronen mitzunehmen.

Dieses erfundene Ritual »lebt« von Konnotationen mit jüdischer Friedhofspraxis (auch diese Verbindung gab es im Leben des Verstorbenen), die uns auch an Gräbern von Prominenten (z. B. Willy Brandt) begegnet. Sie markiert, wer alles da war, und gibt etwas zu tun, zu gestalten, als Ausdruck von Trauer.

Praktiker:innen in allen kirchlichen Bereichen werden zunehmend für Rituale angesprochen, die bisher nicht ausdefiniert wurden. Menschen suchen Rituale zur Markierung der Menopause, für assistierten Suizid oder eine überstandene Krebserkrankung und finden zum Beispiel das Verbrennen von Gegenständen nach einem Todesfall oder das Durchschneiden einer Kordel nach einer Kündigung etc. Das DIY-Selbst-Erfinden (→ S. 25) von Ritualen für alle möglichen Übergänge illustriert die Abwendung von institutionalisierten und amtlich verankerten Ritualen, zivil wie religiös.

Ritual-klempner

Ein Weg, damit umzugehen, ist das »Klempnermodell« (Grimes 2002, 12): Ein Ritual funktioniert nicht mehr, also braucht es ein neues, nach der Logik des DIY, und gemeinsam stellen die Beteiligten ein stützendes Gerüst auf oder errichten einen erweiternden Anbau, und schon ist beispielsweise ein Scheidungsritual fertig.

Wünschel-rutenrituale

Das andere ist das Modell »Wünschelrute« (Grimes 2002, 12), mit Abwarten, auf der Suche nach Resonanz, Eingebung des Geistes etc., sodass etwas Empfangen wird, um die gewünschte Wirkung eines Rituals zu erreichen (z. B. eine Ehe wie Glas zu fragmentieren).

Modell: Ritualagenturen

Die Hamburger Ritualagentur *st. Moment* organisiert nach dem Wünschelrutenmodell »so individuell […] wie nur möglich […] zeitgemäße Rituale […], die denjenigen Momenten heilige Kraft verleihen, die uns prägen« (Handke/Barnahl 2023, 19).

> Im *st. moment*-Team lieben wir die Freiheit, uns auf eine Entdeckungsreise mit den Menschen zu machen, die sich von unseren Angeboten anregen lassen oder sich an uns wenden […] und dann tasten wir uns miteinander vor und entdecken gemeinsam, was möglich ist, was trägt und was für diesen ganz persönlichen st. moment passt: Dein Leben, dein Moment! (Handke/Barnahl 2023, 29)

Der Beerdigungspastor von *st. moment,* Jan Roßmanek, bietet etwa als Ritual der Trauer an, einen selbstgebauten Kummerkutter aus Treibholz mit Gebetsworten im Hafen schwimmen zu lassen, um Verstorbene loszulassen (Handke/Barnahl 2023, 209–216).

Das Improvisieren eines Rituals verstehe ich als Prozess der Ritualisierung. Rituale sind nicht ewig-unveränderlich, sondern fortlaufende Aktivitäten, die Menschen helfen, mit Gefahr umzugehen, zu kommunizieren und zu feiern (Driver 1991, 15). Ritualisieren schlägt Pfade durch unbekanntes Terrain.

Ritualisierung

Ritualisierung und Improvisation sind das gleiche Phänomen, aus verschiedenen Richtungen angegangen und beleuchtet, denn Rituale improvisieren und Improvisationen ritualisieren. Der Ausgangspunkt, der erste Schritt jedes Rituals ist »Improvisation, die vor einer langen Zeit begonnen wurde« (Driver 1991, 17), und Ritualisierung »ein experimenteller Weg, um vom Unausgeformten zum Ausdrücklichen, vom rein Pragmatischen zum Kommunikativen« zu gelangen (Driver 1991, 31). Anregungen für Ritualisierungen finden sich bei Ronald Grimes (2002) sowie bei Emilia Handke und Meike Barnahl (2023).

Konfi-Ritual

Bei einem Treffen im Herbst 2022 sollten Konfirmand:innen ein Ritual mit den Dingen des Kirchenraums improvisieren. Sie durften alles verwenden, Glocken, die Kerzen, die Bänke etc. Die Konfirmand:innen entwickelten eine Prozession vom Portal zum Altar entlang von kleinen weißen Steinen, die sie in einem großen Kerzengefäß gefunden hatten. Voran ging eine Konfirmandin mit der Kerze und dem Gefäß, begleitet von Glockenläuten. Die Jugendlichen bildeten einen Kreis vor dem Altar, setzten sich und verbrannten dann Papierstücke von alten Liedblättern, auf die sie Wünsche geschrieben hatten. Ein Konfirmand benutzte die Asche, um Kreuze auf die Hände aller im Kreis zu malen. Das Ritual endete mit einem freien Gebet für den Gruppenzusammenhalt.

Improvisation, Liminalität und Kontingenz

Third Culture-Improvisation

Studien zu sogenannten *Third culture kids* (Koutsoupidou/Hargreaves 2009), die zwischen Kulturen aufwachsen, belegen, dass musikalische, kontemplative, theatrale und tänzerische Improvisation helfen kann, angesichts steigender Komplexität und wechselnder kultureller Referenzsysteme Orientierung zu finden. Wer gelernt hat, mit Sowohl-als-auch-Situationen umzugehen, in denen keine Sicherheiten existieren, ist durch Improvisation dorthin gelangt.

Mit den beschriebenen Ansätzen von Improvisation in Alltagskultur, Tanz, Theater und Musizieren rücken Gefahr und Chance von Liminalität in den Fokus, angefüllt mit dem Unbekannten und der Notwendigkeit, zu kooperieren, und Wissen und Können unter Zeitdruck anzuwenden.

Das Konzept der Liminalität geht auf Victor Witter Turner (1969) zurück und bezeichnet einen Schwellenzustand, in dem Akteur:innen die Regeln und die herrschende Ordnung verlassen, »betwixt and between«

(137), entkleidet von festen Identitäten. Liminalität erreicht Zustände von Fluss *(flow)* und offenem Gemeinschaftserleben (was Turner *communitas* nennt).

Improvisation führt in diese Schwebe- und Schwellensituationen, vergrößert die liminalen Momente jedes Plans. Diese Einsicht ergibt sich, wenn man Improvisation als Ritualisierung betrachtet: Improvisieren bringt Krisen auf die Bühne und lehrt, mit ihnen gemeinsam zurechtzukommen. Das Erleben liminaler Erfahrung macht Unentschiedenheit, Brüchigkeit, Identitätslosigkeit oder -fluidität tragbarer und trainierbar. Improvisation zeigt, bewirkt und trainiert jedoch noch mehr: Sie schafft eine experimentelle Anordnung, in der sich ein Verständnis dafür einstellt, wie Menschen eine Interaktion initiieren, rhythmisieren und beenden; wie sie eine Interaktion starten und Zug um Zug fortführen (»Ja-und«); wie sie sich ko-präsent machen, bereit zum Handeln und engagiert; wie sie mit Unsicherheiten umgehen; und schließlich: wie wenig selbstverständlich, wie unplanbar und voraussetzungsreich soziale Interaktion ist.

3 Essentials

Kirchliche Praktiker:innen improvisieren bereits. Sie agieren aus einer bestehenden »improvisatorischen Haltung« (→ S. 10), nicht jenseits oder im Gegensatz zu professionellem, regelgeleitetem Handeln, sondern mit anderen Regeln: spielerisch, konzentriert, mit einer gesteigerten Wahrnehmung und Aufmerksamkeit und Reaktionsfähigkeit, und mit Vertrauen, das immer genug Material zum Weitermachen »da« sein wird.

Mit anderen Regeln

Sie improvisieren nicht ohne Gerüst, sondern fragen: »Wie viel Vorbereitung und Skriptorientierung ist einerseits zuträglich, um ein Gespür für das gegenwärtige Geschehen und seine Unverfügbarkeit zu bewahren? Und wieviel Improvisation und Ungeplantes ist andererseits nötig, um sich selbst nicht als Urheber und Kontrollinstanz, sondern als Mitspielerin und Mitfeiernder zu erleben?« (Koll 2018, 148) Nur wer in den Praktiken, Lehren und Traditionen zu Hause und versiert ist, kann extrapolieren und variieren. Nur wer mehr weiß, als im Unterrichtsplan als vermittelndes Wissen vorgesehen ist, kann sich auf Exkurse und Einfälle auf dem Weg zum Lernziel einlassen.

Kirchliche Improvisation erfordert eine andere, möglicherweise intensivere Vorbereitung und Ausbildung: Das Einspielen des Ensembles, die körperliche Vorbereitung (aufwärmen, einschwingen, Alltag verlassen), die Sicherheit in den Interaktionsregeln (»Ja-und«, *shelving* etc. → S. 33), die umfassende Wahrnehmung der Mitspielenden und der Umgebung (bzw. attunement → S. 70). In der auch multiprofessionellen Teamarbeit sind für Vertrauen, den Umgang mit anderen und »Andersheit« (im interkulturellen Bereich → S. 73) klare Rahmungen von Improvisationsphasen notwendig.

Die Paradigmen des theatralen, musikalischen beziehungsweise an Jazz orientierten sowie des tänzerisch Improvisierten sehen Zeiten und Orte für Vorbereitung als gleichbedeutend mit dem Auf- und Ausführen einer gemeinsamen Improvisation. Ohne in der Vorbereitung einen *témenos* zu erreichen, also die (quasi-)heilige Qualität eines geschützten, vertrauensvollen und abgesicherten Raumes für das gemeinsame Wechselspiel der Improvisation, wird auch in der Aufführung kein reibungsloses Zusammenwirken möglich.

Die Vorbereitungen und Proben von Gemeindechören sind ein Vorbild: Chöre proben gerne in informelleren, multifunktionalen (Gemeinde-) Räumen, um dann für Aufführungen oder Generalproben in Kirchräume zu wechseln. Dasselbe gilt für das Atelier/Schreiblabor der Predigt- oder Unterrichtsvorbereitung. Improvisieren beginnt, möglichst im Team, weit vor einer Aufführung, und öffnet sich in einem Kontinuum zunehmend für die Auseinandersetzung mit Zufälligem, mit den räumlichen Besonderheiten und der damit größer werdenden Komplexität. Eine echte Arbeitsentlastung ergibt sich in der Anwendung der trainierten Regeln, die aus jeder Situation, ohne inhaltlich-planerische Vorbereitung, kreativ und beteiligend Inhalte und Bedeutung generieren kann.

Traditionelle Spielarten von Improvisation wie die Kunst der freien Rede (in Anlehnung an ein Manuskript), das Training in liturgischer oder didaktischer oder seelsorgerlicher Präsenz oder die explorativen Glaubenserfahrungen der performativen Religionsdidaktik arbeiten genauso mit Vorbereitung, Training, »Umschulung« zu anderen Regeln, Vertrauens- und Schutzräumen. Alle Ansätze, auch im Begriffsumfeld von »Improvisation«, verbindet aber die Treue zum biblischen Zeugnis. Die Bibel ist die Leitschnur kirchlichen Improvisierens.

3.1 Die Bibel als Improvisation – Improvisation mit und in der Bibel

Improvisation bereichert die Auslegung der Schrift. Die Bibel lässt sich als Ergebnis von Improvisation verstehen – und sie kann unabgeschlossenes Skript für weitergehendes Improvisieren mit Gott und Menschen in neuen Situationen sein. Mit dem zuerst genannten Ansatz, dass Gott und die Menschen miteinander in der Heilsgeschichte und im Entstehen der Bibel als ihr Dokument improvisieren, interpretieren Theolog:innen beispielsweise das Sprachwunder von Apg 2 als Improvisation des Petrus nach einem Inklusionserlebnis; in Röm 9–11 erkennen sie eine Improvisation der vorherrschenden jüdisch-christlichen Doktrin und Reichweite von Gottes Erwählung; oder sie verstehen 1 Kor 1 und Eph 1 als improvisatorisches Andeuten von Endzeit, als Beispiel für improvisatorische Synkopation (→ S. 52).

Jesus parodiert das Imperium

»Palmsonntag, hart für mich als Perfektionisten. Irgendwo wird schnell ein Esel abgemacht. Leute werfen Gestrüpp und durchgeschwitzte Klamotten auf den Boden. Alles ist furchtbar improvisiert. Keinem ist irgendwas peinlich. Und. es. reicht.« (Pfarrer Alex Brandl, Instagram-Post, 24.3.2024). Jesu Einzug in Jerusalem (Mk 11) beispielsweise lässt sich als Improvisation besser verstehen. Jesus führt mit der Prozession eine Parodie des römisch-kaiserlichen Triumphzugs und im letzen Abendmahl eine Variation und Erweiterung des Passah-Befreiungsmahls auf. Er und die Jerusalemer:innen nehmen, was gerade zur Hand ist (Esel, Palmwedel, Kleidung), und wenden es machtkritisch um. Jesus agiert in Kooperation mit der Menge, bleibt stehen und diskutiert, wie in einem offenen Sketch, der das Imperium aus dem Konzept bringen muss. (Eine ähnliche Erniedrigung vom König zum Bettler spielt Odysseus in Ithaka.)

Genesis 1 als Improvisation

Eine praktisch-biblische Verankerung des Rollenverständnis für Praktiker:innen ergibt sich aus Catherine Kellers (2003) und John D. Caputos (2006) Auslegung der beiden Schöpfungsnarrative (Gen 1–2): Gott arbeitet nicht nach dem Prinzip der *creatio ex nihilo,* bringt nicht Dinge aus dem Nichts in die Existenz. *Bereschit* (Gen 1,1) ist ein Anfang, der etwas bereits Ablaufendes fortsetzt. Am Anfang steht nicht das Aleph, sondern das Bet. »Tiefe«, »Wasser«, »Dunkelheit« und »ein Wind« sind bereits »da« beziehungsweise »lagen« und »schwebten« (Gen 1,2). »Elohim muss mit den Karten spielen, die ihm gegeben wurden, mit den Materialien arbeiten, die zur Hand sind, danach wird er sich sogar ausruhen müssen« (Caputo 2006, 57).

Schöpfungspartner:innen

Elohim ist bei der Schöpfung nicht alleine, sondern trifft auf *Tohuwabohu.* Caputo und Keller übersetzen das nicht mit »Chaos«, sondern mit »Öde« oder »unbelebte Dinghaftigkeit«. *Tehom,* Tiefe, ist etymologisch verbunden mit der Babyolnischen Urgöttin *Tiamat,* bekannt aus dem Schöpfungsmythos *Enuma Elisch.* Anders als *Chronos* im griechischen Schöpfungsmythos ist die Tiefe einfach schon da, kein Nebengott, sondern elementar. Gott arbeitet mit der Tiefe und der unbelebten Ödnis. Er bringt sie nicht ins Sein, sondern zum Aufleben und Aufatmen, aktualisiert ihr Potenzial. Elohim, der Gott der Priesterschrift, improvisiert die Welt nicht im Alleingang, sondern in einem »Konzert der Kräfte, die eine aktiv, die andere mehr unabgeschlossen, frei-schwebend, flüssig und ungeformt« (Caputo 2006, 59). Für Keller und Caputo ist Gott somit kein Macher, sondern »Mit-Macher« und Improvisator.

Jedes »Siehe, es war gut« lässt sich als Realisation der Impro-Grundregel des »Ja-und« verstehen. Als Abfolge kreativer Improvisationsakte zeigt der erste Schöpfungsbericht die Struktur der hebräischen Bibel insgesamt, die mit der Verbalstruktur der Waw-Verkuppelungen einen Rhythmus wie Impro-Theater einzieht: (Ja-)Und, (Ja-)Und, (Ja-)Und …

Elohim als Meister-künstler:in

Praktiker:innen können das Improvisieren von Elohim und JHWH als Vorbild entdecken. Elohim geht (folgen wir Caputo, 2006, weiter) mit dem vorhandenen Material nicht kriegerisch und gewaltvoll um, sondern teilt es ein und rhythmisiert es. Er versetzt die Elemente des Weltlaufs in Bewegung, schafft Struktur und bedient sich dabei der Sprache, wie das Meisterkünstler:innen tun, die in der Werkstatt ihren Mitarbeiter:innen Anweisungen geben. Elohim improvisiert distanzierter, himmlischer, nicht selbst mit den Händen arbeitend, konzeptionell und sprachlich.

JHWH, der Helikopter-elternteil

JWHW dagegen, der Gott des zweiten Schöpfungsberichts (Gen 2, 4b–25), ist anthropomorpher, handwerklicher. Er macht sich die Hände schmutzig. Der Mensch wird nicht im Bilde einer souveränen Macht, sondern als Gegenüber, als Paar von Gärtner:innen geschaffen. Thront Elohim in angemessener Ferne über dem Geschehen, so bewegt sich JHWH mittendrin, erscheint eifersüchtig gegenüber seinen Kreaturen, die nicht zu sehr wie er werden dürfen.

Für Elohim ist die ganze Welt das Spielfeld. JHWH grenzt Eden ein. Dort ist er dann aber auch körperlich zugegen, genießt den Abendwind, geht spazieren. JHWH setzt sich einem Risiko aus: Der Frieden, den er selbst erlebt, könnte durch seine Schöpfung gestört werden. JHWH ist näher an dem Modell eines (Helikopter-)Elternteils. Er kann nicht loslassen, geht mit Widerstand um, mit Lärm und Ärger, mit konkretem Chaos, wie es die ruhigen Elemente Elohims im ersten Schöpfungsbericht nicht kennen. JHWH prügelt sich, wird wütend, bereut Handlungen, lässt sich überzeugen und überreden.

Nehmen sich kirchliche Praktiker:innen beide Gotteskonzepte zum Vorbild für das Improvisieren, fällt auf, dass sie im Befolgen beider Vorbilder praktisches Wissen einsetzen, um mit Widerständen, mit Menschen und mit dem Material umzugehen, die und das sie vorfinden: Beide haben mit dem Potenzial des neutralen Erdbodens zu tun. Biblisch-improvisatorisch geschulte Praktiker:innen können dieses Potenzial wahrnehmen, wo andere es ausblenden. JHWH nutzt die Feuchtigkeit, die aus der Erde aufsteigt, formt Adam und bepflanzt einen Garten. Elohim teilt große Einheiten und Kräfte ein, lässt das Ganze laufen – und hofft auf das Beste.

Beide biblischen Modelle helfen, das eigene praktische Wissen beim Problem-Lösen, beim Delegieren, beim Entscheiden, die eigene Rolle im

Improvisieren als kreativem Akt besser zu verstehen und auszuführen. Beide Modi des Wissens, Entscheidens und Handelns, beide Rollen nehmen kirchlich Improvisierende ein. Sie agieren elterlich mit Mikromanagement, emotional handelnd, mittendrin, überfordert, aber verpflichtet, in Auseinandersetzung mit dem eigenen Willen, dem Wunsch nach Souveränität und Durchsetzungsvermögen, mit Ungerechtigkeit und Chaos.

Genauso übernehmen kirchliche Praktiker:innen regelmäßig die Rolle der Instanz, die sich für das Gesamtkunstwerk verantwortlich fühlt, mit einem Blick auf das Ganze, auf die Struktur. Sie setzen ihr situationsanalytisches Praxiswissen und strategisches Denken ein. Als Elohim-Improvisierende agieren sie in der sprachlichen, willentlich-intellektuellen Dimension des Improvisierens und mit dem Aussprechen und dann auch Ausüben des »Ja, gut so! – und …« als Akt der Belebung und Beatmung – um dann einen Schritt zurückzutreten, sich auszuruhen und die anderen machen zu lassen.

Modell: Fortschreiben als Improvisieren – die Praxis des Talmud als Anstoß für den kirchlichen Alltag

Talmud-Riffs

Mir begegnete die neue umfassende, edierte Übersetzung des Talmuds ins Deutsche, die erst seit Kurzem verfügbar geworden war, 2022 zum ersten Mal im Jüdischen Museum Berlin als physisches Buch. Der Praktikant meines Guides, ein junger jüdischer Mann, machte neben mir auf seinem Handy auf Deutsch, Französisch, Englisch und Hebräisch Notizen zum Talmud.

Wäre es verkehrt, die weitere Textergänzung des Praktikanten zum Talmud, also auch die Handynotizen als Jazz-*Riff* (als Wiederholen und Erweitern eines Motivs), als Improvisation zu einem dominant bleibenden und sich durchsetzenden Thema zu verstehen?

Die Schriften des Babylonischen und Jerusalemer Talmud entstammen einer kooperativen, lehrend-lernenden jüdischen Auslegungstradition. Das Textkorpus ist im 5.–6. Jahrhundert nach Christus abgeschlossen, aber die erweiternd-fortschreibenden, vielsprachigen Ergänzungen durch Glosse über Glosse sind weiterhin textproduktiv, durch die kooperative, mit Gebet und Glaubenspraxis verwobene Methode des Midrasch. Auslegende stellen sich schreibend und sprechend gegenseitig Fragen, geben mehrere Antworten, schweifen manchmal weit ab. Dabei stehen biblische Texte in einem niemals vollständig abgeschlossenen Schreib- und Kommunikationsvorgang.

Fortschreibung bezeichnet in der Exegese die produktive, expansive Neu- und Umformulierung von Redakteur:innen und Interpret:innen, die das Quellenmaterial situativ auf und in die jeweilige Gegenwart (be-) zieht und neues Material hinzufügt. Walther Zimmerli (1979) definiert Fortschreibung, wie man auch Improvisation definieren könnte, nämlich als »deutlich abhebbare Erweiterungen [...], die nicht einfach als selbstständige Überlieferungseinheiten angesprochen werden können [...], sondern unverkennbar das im Grundwort angeschlagene Thema nach neuen Richtungen hin verfolgen. Darin zeichnet sich ein Prozeß der sukzessiven Anreicherung eines Kernelementes ab« (106).

Eine Orientierung an Improvisationspraktiken der Talmud-, Midrasch-Traditionen erweitert die interreligiöse und interkulturelle Kompetenz (→ S. 68) und bringt Praktiker:innen dazu, die Schrift in ihrer Dramaturgie und Musikalität anders zu benutzen.

Praktiker:innen die mit dem Mindset des Midrasch arbeiten, sind kompetent in Multiperspektivität und können kreative und explorative Methoden einsetzen, um einen Text weiterzuschreiben, damit sie ihn besser verstehen. Jüdische Impro-Traditionen bieten eine Grundlage für kirchliche Praktiker:innen: »Wenn zwei Menschen zusammensitzen und über die Tora reden, dann ist die Schechina, die Präsenz Gottes, anwesend« (Mishna Awot, 3,2).

Bibelzentrierte kirchliche Arbeit kann von der Bibelgruppe bis zum Gottesdienst kooperativ fort- und dazuschreiben. Ohne den Status von Kanon oder Heiliger Schrift zu gefährden, lädt Bibel zum Improvisieren ein. Weil kirchliche Praktiker:innen in der Regel schon Erfahrung in dialogischen oder explorativen Methoden der Auslegung haben und beziehungsweise oder geschult sind – etwa im Elementarisieren oder Paraphrasieren – verfügen sie immer schon auch über körperliches und implizites Wissen über Bibeltexte, das aktive Improvisation explizieren und entfalten kann.

Modell: Interpretation durch Improvisation

Shannon Craigo-Snell (2000) hat ein Modell der Bibelauslegung entwickelt, das sie *Performance Interpretation* nennt. Der exegetische Akt ist eine Aufführung, eine Performance. Jeder Text ist nur ganzkörperlich in einer Anwendung und Aufführung nach dem Vorbild eines Skripts verstehbar. Anwendbar ist das am leichtesten für narrative Bibelpassagen. Aber auch Genealogien oder apokalyptische Visionen werden verständlicher, wenn sie gespielt werden, nicht nur vorgelesen, wobei für jede Gruppe, jede Situation und jeden Text passende Formate erdacht werden müssen. Bibeltexte werden so sinnvoll wieder als die Gebrauchstexte eingesetzt, die sie ursprünglich waren.

Bibel und unbekanntes Terrain

Auch andere Theolog:innen wie Kevin J. Vanhoozer (2005) oder Dale B. Martin (2008, 86ff.) haben Interpretation als Improvisation entwickelt. Die Auslegung der Schrift folgt für sie Methoden und Schritten, die Studierende erlernen können wie die Grundbewegungen des Impro-Theaters und die sie in die Bibel als unbekanntes Terrain führen. Wie in einem Impro-Spiel sollen Interpretierende die Regeln und Schritte einhalten, aber in diesem Rahmen kreativ werden. Das Ziel besteht für Martin und Vanhoozer darin, ein christuszentriertes Leben zu erreichen. Es gibt keine abschließend richtige Interpretation, aber nicht alle sind gleich gut für die Praxis geeignet. Das praktische Wissen, die Bewährung der Bibel für den Alltag – wo je schon bereits mit dem Skript der Bibel improvisiert wird – wenden diese Ansätze als gleichberechtigte Methode für das Verstehen biblischer Inhalte an: Die Bibel interpretiert die Lebenssituation und die Lebenssituation die Bibel.

Jede Gruppe kann zum Impro-Ensemble werden, das Bibelgeschichten als Skripte in freien Szenen ausprobiert, und das, was funktioniert, ins Leben überträgt. Sie erleben: Es gibt immer Raum für neue Bedeutung. Die Bibel sucht nach menschlicher Reaktion und erzeugt neue Bedeutung und Ereignisse.

Jakobs und Esaus Impro-Urteil

Im Frühjahr 2023 etwa spielten Konfirmand:innen die Geschichte von Jakob und Esau als offene Gerichtsverhandlung. Rebekka, Isaak, Jakob und Esau wurden befragt, und die Konfirmand:innen verkündeten nach den Statements als Jury ein Urteil. Durch diese szenische Improvisation vermittelte sich ihnen die Grundstruktur von Segen, Konflikt und Versöhnung. Die Konfirmand:innen beherrschten die Geschichte in- und auswendig, weil sie sie durch Improvisation durchdrungen hatten.

Die Bibel als Impro-Skript

Keine andere Quelle bietet so viel Material zum Improvisieren wie die Bibel (Pickering 2019, 29). Die Bibel reduziert Geschichten auf die interessanten, wesentlichen Elemente, fokussiert auf existentielle Probleme und lässt Raum für Fantasie. Jesu Gleichnisse und Parabeln verwenden die Dynamik der Improvisation, weil sie das Gottesreich so verständlich machen, dass der letzte, nicht abschließbare hermeneutische Akt in der Überbrückung des Widerspruchs beziehungsweise der Bewältigung einer Provokation durch die Lesenden liegt.

Konkret können Bibelszenen beim Gruppenimprovisieren mehr oder weniger genau umgesetzt werden. Um möglichst alle zu beteiligen, können neue Charaktere hinzukommen. Vertonungen von Bibelnarrativen – etwa Felix Mendelssohn Bartholdys »Elias« (1 Kön 19,11–13) oder Sir William Turner Waltons »Belshazzar's Feast« (Dan 5) – bieten zusätzliches Material. Die Geschichten (etwa von Noah oder Jonah) lassen sich auf die Gegenwart übertragen. Oder es werden Themen, Rahmen etc. abgetrennt und neu gefüllt: Wie sähe etwa der Garten Eden aus, wenn ein modernes Paar in ihm lebte?

Bibel-Gruppen-Impro

Für den Anfang empfehlen sich (nach Pickering 2019) folgende Bibelszenen als Grundlage zum Improvisieren: Der Sündenfall (Gen 3), Kain und Abel (Gen 4), Noah (Gen 6–9), Abraham und Isaak (Gen 22), Jakob und Esau (Gen 27), Joseph (Gen 37–45), die Plagen und der Exodus (Ex 2), Gideon (Ri 6–7), Elijah (1 Kön 18), die Männer im Feuerofen (Dan 3.5), David (1.2 Sam), Jonah (Jon), Parabeln: Weizen und Spreu (Mt 13,24–30), die anvertrauten Talente (Mt 25,14–30), böse Winzer (Mk 12,1–9), der barmherzige Samariter (Lk 10,30–36), der verlorene Sohn (Lk 15,11–32). Das ist ein kompletter Konfirmations-Jahrgang, »fertig«, »geplant«.

Ein Beispielkompendium

Modell: Bibliodrama und Bibliolog

Die Dramatisierung biblischer Texte unter Kombination von Methoden des Midrasch und der Dramatheorie im Bibliodrama ist in der deutschsprachigen kirchlichen Welt zu einer vorherrschenden Methode in Bibelauslegung und Verkündigung geworden.

Bibliodrama und Bibliolog bauen auf der Idee der spätantiken jüdischen Exegese im Jerusalemer Talmud auf, dass die Tora als weißes Feuer auf Pergament geschrieben wurde, um das schwarze Feuer der Buchstaben herum (vgl. Pohl-Patalong 2013). Bei beiden Methoden wird ein biblischer Text gemeinsam in Sinneinheiten eingeteilt gelesen. Entsprechend ausgebildete Trainer:innen führen typischerweise in eine Szene ein und identifizieren Öffnungen im Text, Räume des weißen Feuers - sogenannte Verschiebungen. Die Trainer:innen unterbrechen dann die Lesung des Textes. Etwa nach dem Abgang der Hirt:innen in Lk 2: »Maria aber bewegte diese Worte in ihrem Herzen« - »Hier halten wir ein. Du bist jetzt Maria, was für Worte sind in dir?« Dann improvisieren die Teilnehmenden, identifizieren sich mit einer biblischen Figur, nutzen die Rolle als Maske und Schutz, um eigene Gedanken, Zweifel oder Gefühle zu äußern. Die Trainer:innen wiederholen und bündeln,

> was mitgeteilt wird, und gehen im biblischen Text zur nächsten Sinneinheit weiter. Das schult vorhandenes Hörverständnis, das Verbinden von Gefühlen, Gedächtnisleistung und Kreativität.

In der Methode von Bibliolog und Bibliodrama siegt immer das schwarze Feuer. Ein Bibliodrama- oder Bibliolog-Trainer wird die Geschichte abschließen, Abweichungen und Fragen beseitigen und zu einem offiziellen Ende einer biblischen Erzählung zurückkehren. Dabei leben alle neuen Erkenntnisse im Gedächtnis und Erleben der Beteiligten weiter, werden jedoch in gottesdienstlichen Handlungen nie zu öffentlichen und offiziellen Ausdrucksformen des Glaubens.

Interaktive Lesung

Man könnte aber die Gedanken und Worte des Bibliologs als Teil der Lesung, als Teil einer Fortschreibung vortragen (vgl. Schirr 2023). Das Gottesdienstbuch sieht für die Lesungen ohnehin Reaktionen und Stimmwechsel als Möglichkeit vor (Evangelisches Gottesdienstbuch 2020, o. S.): Die Gemeinde kann auf die Lesung mit passendem Gesang reagieren; Präfamen können eine Brücke zur gegenwärtigen Situation schlagen; Lesungen können nach der Agende als Sprachmotette umgearbeitet werden. Das öffnet die Lesung nach agendarischen Vorgaben für *non-order* und Improvisation. Warum nicht die Ergebnisse eines Bibliologs oder Bibliodramas mitverkünden? So als eine interaktive(re) Lesung können die Improvisationen, die persönliche Paraphrase, die Zweifel, Gefühle, Gedanken, die alternativen Enden eines Bibliodramas oder Bibliologs gleichberechtigt als Verkündigung stehen.

3.2 Schreiben

Beim alltäglichen Schreiben improvisieren Praktiker:innen immer schon, interagieren mit Textblöcken, Ideen, mit der Tastatur, Stift, Buch und Händen – und das nicht nur für eine Predigt – mit Abbrüchen und Exkursen, Ausdauer und Fokus, persönlich-biographischen und emotionalen Resonanzen als Material zum Verweben in und Verbessern von Geschichten.

Gonzo Judaism

Der Rabbiner Niles Elliot Goldstein hat die durch Hunter S. Thompson bekannt gewordene Methode des »Gonzo-Journalismus« – eine subjektive, energetische Schreibtechnik, bei der die eigenen Emotionen und Reaktionen nicht zugunsten eines verfehlten Ideals von Objektivität weggefiltert werden – zum Konzept des *Gonzo Judaism* weiterentwickelt.

Die Ausrichtung auf ein exakt definiertes Ziel, das möglichst geradlinig zu erreichen ist, tritt hinter die Notwendigkeit zurück, sich dem zu stellen, was zu tun ist. »Es ist nicht an dir, die Aufgabe zu vollenden, aber du bist nicht frei, sie nicht anzugehen«, heißt es im Mishna-Traktat der Pirke Avot (zit. nach Goldstein 2010, 177). Goldstein verweist auch auf Kohelet, der zu viele Bücher sieht, um sie lesen zu können (Koh 12,12) – mit Blick auf die damit verbundene Zeit-Theologie heißt es, beginnen, bevor der Tag vorbei ist. Gonzo entdeckt das Ganze aus dem Detail, es ist unfertig und improvisatorisch, impressionistisches und ungefiltertes Darauflos-Schreiben.

Automatisches Schreiben

Praktiker:innen können mit den Übungen von Holger Pyka (2018) den »Inspirationsweg Schreiben« als Improvisationsmethode erleben. Viele davon sind satirisch und spielerisch. Zum Beispiel.: »Schreiben Sie eine Parodie auf ›Danke für diesen guten Morgen‹« (46). Um den Einstieg in den Schreibfluss zu erleichtern, empfiehlt er, zwischen geplantem und ungeplantem Schreiben abzuwechseln, auch zwischen inhaltlicher Stringenz und spielerischer Schreibe, oder mittels Collagetechniken verschiedene Textgenres in Spannung zu bringen. Außerdem zeigt Pyka, dass der Fluss des Schreibens, als Exerzitium verstanden, in sich eine religiöse Erfahrung nahe am »Schreibgespräch mit Gott« sein kann. Automatisches Schreiben verdeutlicht Praktiker:innen, dass sie mit etwas anderem als sich selbst rechnen können, wenn sie improvisieren.

Rituale im kreativen Schreiben

Um durch die Methode des kreativen Schreibens auf ungeplante Ideen zu kommen, schlägt Cornelia Müller (2018) ritualisierte Schreibstrategien vor: bewusstes methodisches Initiieren, Koordinieren und Navigieren des Schreibaktes; besondere Rituale für Start, Blockade und Ende, das Verwenden besonderer Schreibdinge und -geräte – das alles kann in das »Flow-Schreiben in der Predigtarbeit« führen (Müller 2018, 359–61, vgl. Schirr 2018).

Übung: Schreibverantwortung abgeben

Im Schreiben hilft es, sich als Autor:in zu distanzieren. Man kann zum Beispiel - schreibend - so tun, als lese man einen fertigen Text beziehungsweise beschreibe (lediglich) den Inhalt eines schon gelesenen Buches, das man vor sich hat, obwohl es (noch) nicht da ist. Damit gibt man die Verantwortung für den Inhalt ab und kann frei assoziieren.

Übung: Traumreise
Bei der Schreibimprovisationsübung »Traumreise« schließen Praktiker:innen die Augen und beschreiben in einem internen Monolog einen Ort, einen Raum oder einen Gegenstand möglichst detailreich und verwenden mentale Impulse, um so eine sich selbst entwickelnde Geschichte zu erleben. Dann schreiben sie alles auf und erweitern die Details. Aus der sich selbst entspinnenden Geschichte und Einfällen ergeben sich längere Texte.

3.3 Orgelimprovisation

Einen permanenten Ort in der Ausbildung und Tradition von Kirche und Gottesdienst mit eigenem aufschlussreichen Wissensbestand gibt es in der Orgelimprovisation. In der Gegenwart spielt auch inhaltlich integrierte Orgelimprovisation leider keine große Rolle in der deutschsprachigen Gottesdienstlandschaft. Dabei verfügen Kirchenmusiker:innen über ein umfassendes improvisatorisches Praxiswissen: Sie sind mit dem Rhythmus und der Atmosphäre der Liturgie, mit dem Zusammenhang von Inhalten und musikalischen (auch emotionalen) Wirkungen vertraut, haben ein breites (noten-)text- und körperbasiertes Repertoire sowie ein hoch entwickeltes Hörverständnis. Sie können flüssig Raumpositionen und Rollen wechseln (vom Leiten zum Begleiten) und sind auf Kooperation und Wahrnehmung von anderen Agierenden ausgerichtet.

> »Er improvisierte da, verstehst du das nicht? Er hat sich das momentan so ausgedacht.« – »Wie kann er sich so viele Töne rechts und links auf einmal ausdenken«, verteidigte sich Probst, »und wie kann er sagen, es ist nichts, von etwas, was er doch spielt? Man kann doch nicht spielen, was es nicht gibt?« – »O doch«, sagte Baworinski sanft. »Man kann auch spielen, was noch nicht existiert«. (Mann 1947, 168)

Dieses irritierende Auftauchen erdachter Töne, um das die ensprechende Passage von Thomas Manns (1947) »Doktor Faustus« kreist, ist eine Ausformulierung der *creatio ex nihilo* – am Klavier, bei einer Landfahrt der theologischen Verbindung Winfried. Dass jemand aus dem Moment »phantasiert«, stört den kleinen Probst (»Kandidatentyp, blond, mit halblangem öligem Haar«), weil er nicht weiß, was Adrian Leverkühn da spielt. Der sagt: »In jedem Sinne nichts«. Leverkühn bringt mit seiner

Improvisationskunst seine Überlegenheit zum Ausdruck. Und er löst eine Diskussion aus, die dazu führt, »dass das Menschlich-Schöpferische denn endlich doch als ein ferner Abglanz göttlicher Seinsgewalt« gelten darf (Mann 1947, 169). Damit ist die präsentierende Improvisation mit göttlicher Kraft angesprochen. Eine andere Sichtweise bestimmt die Antwort des Organisten Stephen Hicks auf die Frage, was für ihn eine gute Improvisation auszeichnet:

Was ist gute Orgelimprovisation?

> Meine eigene Reaktion auf Improvisation besteht nicht nur darin, mich selbst auszudrücken, sondern auch in der Notwendigkeit, im Verlauf der Liturgie ein Bedürfnis zu stillen. Es ist wichtig in der Lage zu sein, in jedem Stil zu improvisieren, um bei jedem Stil passend spielen zu können. Man kann nicht genug betonen, wie wichtig es ist, alte Disziplinen der Harmonielehre, des Kontrapunkts, aller Arten von Kanon und Fuge zu beherrschen. Zu viele Improvisationen scheitern am mangelnden polyphonen Denken, musikalischer und technischer Ausrüstung des Spielers. Dies führt zu einer Unfähigkeit, mit größeren Zusammenhängen umzugehen, auch wenn sie im Stil weitgehend harmonisch sind. Ich denke, liturgische Improvisation hängt ganz von der Atmosphäre ab. Das ist der Hauptpunkt des Improvisierens, um zu einer bestimmten Zeit eine Atmosphäre zu schaffen im Gottesdienst. Ein Gefühl der Verbundenheit mit etwas vermitteln [...]. (Hicks zit. nach Bailey 1993, 34)

Hicks spricht, anders als Mann, über die besonderen Fähigkeiten, mit denen Orgelspielende sich improvisierend in eine Atmosphäre einzufügen wissen (während Leverkühn prahlerisch draufJosspielt). Hicks Verständnis von Orgelimprovisation ist das einer *creatio continua* – Kooperation, komplexes Denken und Handeln als beinahe dienende, partizipatorische Improvisation. Das ist in sich ein Modell für Improvisation im Gottesdienst: Training, Stilwechsel, Musik als Chance, die herrschende Atmosphäre zu transformieren, Gemeinschaft und Verbundenheit spürbar zu machen.

Freie Orgelimprovisation erfordert eine Fähigkeit, die weniger Konzertorganist:innen, sondern eher Kirchenmusiker:innen besitzen. Ihre von Hicks und Bailey angesprochene dienende Funktion erschöpft sich nicht in der virtuosen Umsetzung musikalischen Wissens. Sie verwirklicht sich vielmehr in Form einer Interaktion mit der Atmosphäre und dem Ablauf, den Motiven oder Tropen, Inhalten von Gebet und Predigt, Themen oder Atmosphären etc. innerhalb des Gesamtgottesdienstes. In der gegenwärtigen Gottesdienstpraxis kann Orgelimprovisation dieses Potenzial aber kaum entfalten. Wie Orgelimprovisation gleichberechtigt »zur Sprache« kommen kann, zeigen die Experimente mit der Klarinettistin Andrea Bieler (→ S. 54) und das Gottesdienstbeispiel mit Orgelimprovisation (→ S. 100 ff.) in Kapitel 4.

3.4 Freies Beten und freie Fürbitten

In der kirchlichen Ausbildung hat freies Beten keinen Platz, in der täglichen Arbeit dagegen umso mehr. Vor allem im Rahmen ihrer Seelsorgetätigkeit wird an Praktiker:innen häufig der Wunsch herangetragen, gemeinsam ein Gebet zu sprechen (vgl. Hoffmann 2006). Viele legen sich dafür Module bereit oder lernen Gebete auswendig, greifen auf das Pastorale oder andere Quellentexte zurück. In denen kommt das Persönliche jedoch nicht vor. Sie greifen aber auch auf ihr Praxiswissen und ihre Erfahrung im Gebet zurück: den Zusammenhang von Körperhaltung und Konzentration, die Kunst der Pausensetzung, das Zitieren von Bibelversen und -motiven und das Zusammenhalten von Impulsen und Ideen in einer klaren Sequenz.

Das freie Gebet am Krankenbett

Das freie Beten mit Kranken ist herausfordernd, weil es hier zwischen angemessener Intimität, Erwartungen und Vorgaben zu navigieren gilt: Welche der Ängste und Sorgen, die mein Gegenüber mit mir geteilt hat, kann ich im Modus des Gebets an Gott adressieren, welche nicht? Wie persönlich kann ich werden? Welche Gebetsrolle nehme ich ein? Erwartet mein Gegenüber, dass ich in seiner/ihrer Anwesenheit stellvertretend für sie/ihn zu Gott spreche? Oder dass ich ihr/ihm helfe, selbst die rechten Worte zu finden, und einen Dialog mit Gott anstoße oder moderiere?

Spirituelle Unsicherheit loswerden

Das freie Gebet macht auch Glaubensinhalte explizit, die im Gesprächsverlauf allenfalls zu erahnen oder angedeutet waren. Es besteht die Gefahr, nicht den richtigen Ton zu treffen und dem Gegenüber die eigene Spiritualität und Tradition aufzudrängen.

Als Improvisierende können Seelsorger:innen ihre Spiritualität als Angebot zum Ausdruck bringen. Denn freies Beten ist immer häufiger eine Vermittlungsaufgabe: Im Krankenhauskontext treffen Seelsorgende auf Patient:innen anderer Konfessionen und auf nicht explizit Gläubige. Improvisatorisch gesehen, fordert freies Beten dann, sich in die Spiritualität des Gegenübers einzustimmen, sie zu wahren und die eigene transparent hinzuzufügen.

Der Befürchtung, im Gebet den Erwartungen eines Menschen nicht gerecht zu werden oder etwas nicht richtig zu sagen, können Praktiker:innen die Impro-Einsicht entgegenstellen, dass es keine Fehler gibt und Gott schon weiß, was wir brauchen, bevor wir es sagen (Mt 6,32–33). Ein Gebet lässt sich auch unterbrechen; Rückfragen schaffen Transparenz: Ich habe gehört, dass Sie sich Sorgen um Ihre Kinder machen, Angst vor der Operation haben etc. – sollen wir das Gott anvertrauen? Ist es okay, wenn wir dafür beten? Haben wir das getroffen, etwas vergessen?

Beim freien Beten handelt es sich vor allem um eine Form der partizipatorischen, nicht der präsentierenden Improvisation (→ S. 67). Es geht nicht darum, spontan möglichst virtuos Gebetskunst zur Schau zu stellen. Einfache Einheiten, Wiederholungen, niedrigschwellige Bilder (→ S. 67) sind oft passender. Ein vorheriges Sammeln von Gebetsinhalten, gegebenenfalls mithilfe eines Zettels, kann sinnvoll sein.

Und nicht zuletzt bereiten Seelsorgende sich als Improvisierende auf das freie Beten vor, indem sie für sich selbst frei beten – oder ein formuliertes, aber öffnendes Gebet sprechen, wie das von Hoffmann (2006):

Vorbereitungsgebet

Guter Gott,
Begegnungen liegen vor mir.
Noch weiß ich nicht, wer oder was auf mich zukommt.
Ich stelle mich darauf ein:
Lasse zurück, was mich beschäftigt,
nehme an, was kommen wird.
Ich will dem Kranken begegnen mit meinem ganzen Sein,
mit meinen Sinnen und meinem Herzen.
Ich schenke ihm meine Zeit und meine ganze Aufmerksamkeit.
Wie wird er sie annehmen?
Dabei nehme ich mich selbst wahr:
meine Befindlichkeit,
meine eigenen Ängste und meine Kraft,
meine Unsicherheiten
und mein Stehen in mir,
mein Gehaltensein durch einen Andern.
Und ich erspüre den Kranken,

> sehe ihn, sein Gesicht, seine Gestalt;
> höre ihn, was er sagt und was nicht.
> Schweige mit ihm zum Durchatmen,
> zum Ordnen der Gedanken, der Gefühle.
> Geschieht Berührung - zum Leben?
> Gott, sei du mit mir (Hoffmann 2006, 140).

Freie Fürbitten

Freie Fürbitten öffnen die Mikrofone und Bühnen einer Gruppe, eines Gottesdienstes etc. für Beteiligung, die nicht kontrolliert werden kann. Damit geht das Risiko einher, dass Menschen diese Plattform für Selbstdarstellung nutzen, ins Gerede kommen oder kontroverse oder falsche Inhalte »verkündigen«. Das Abgeben von Macht- und Deutungshoheit als Risiko und die Vertiefung spiritueller Erfahrung und Emotionalität als Chance werden deutlich. Freie Fürbitten brauchen eine klare Orientierung, was genau gemacht werden kann, und es braucht vorgefertigtes Material, gerade wenn eine Beteiligung von Unerfahrenen vorgesehen ist. Es lohnt sich, Geduld zu haben und zu wiederholen.

Übung: Freie Fürbitten mit Gebetszetteln als Impro-Skript
Vor einem Gottesdienst werden Zettel verteilt, auf die, wer mag, Gebetsanliegen schreiben kann. Sie werden eingesammelt und beispielsweise während eines Liedes nach Themen sortiert. Dann nutzen Vorbetende die Zettel, um für die aufgeschriebenen Anliegen zu beten, und lassen Formulierungen mit einfließen.

3.5 Die Zeremonienmeister:innen – improvisieren bei Bestattungen

Improvisieren lernt man auf dem Friedhof. Bei kirchlichen Bestattungen ist zunächst die Tendenz zur Individualisierung und Ritualisierung (→ Kapitel 1.2) besonders greifbar. Blumenfarben werden auf den Fußballverein abgestimmt, Kuscheltiere als Beigaben auf die Urnen gelegt, Tauben oder Luftballons fliegen als letzter Gruß. Zudem lässt sich die genaue Abfolge der Ereignisse – die Einzugs- und Auszugschoreografie, der Einsatz der richtigen Musik, das Öffnen der Tür, die Prozession, der Erdwurf, das Ablegen der Blumen etc. – nicht bis in jedes Detail hinein planen, und es gilt, mit Unvorhergesehenem und Unvorhersehbarem umzugehen.

Wann steht der Ablauf?

Bei einer Erdbestattung auf dem evangelischen Friedhof Berlin Marienfelde versuchen die Bestatter erfolglos, den Sargdeckel zur Aufbahrung und Abschiednahme zu öffnen – die Sargträger, die wissen, wie der Mechanismus funktioniert, sind noch nicht da. Die Großnichte des Verstorbenen bekommt das an der Kappellentür beinahe mit. Sie möchte ein Gedicht vortragen und vorab üben. Mit den Hinterbliebenen abgesprochen sind drei Lieder, eines von der Orgel in der Mitte der Trauerfeier: »So nimm' denn meine Hände«; die Liste, die dem Bestatter und der Friedhofsverwaltung vorliegt, stimmt damit nicht überein. Nach einigem Hin und Her steht der Ablauf drei Minuten vor Beginn fest. Der Organist improvisiert spontan als Vorspiel über »So nimm' denn meine Hände«. Die drei mir neuen Lieder baue ich in den Ablauf ein. Vor der Traueransprache spielt die Friedhofsmitarbeiterin statt des Stücks, das ich erwartet habe, »Brothers and Sisters« von der Kelly Family. Ich beginne die Ansprache mit der deutschen Übersetzung des Liedtextes »Brüder und Schwestern, zusammen sind wir stark« und lese Namen von den Blumenschleifen vor dem Sarg vor. Die Geschwister des Verstorbenen hatten sich zerstritten, die älteste Schwester hatte wohl deswegen das Lied ausgewählt.

Impro auf der Hinterbühne

Bestattungen sind riskante Rituale, mit Unsicherheiten von fast allen Beteiligten verbunden. Bei Beerdigungen improvisieren verschiedenste Berufsgruppen – Bestatter:innen, Musiker:innen, Friedhofsmitarbeitende, Sargträger:innen und Pfarrpersonen in hoher Intensität und unter großem Zeitdruck. Sie können effizient unter Druck kommunizieren, stellen zur richtigen Zeit die richtigen Fragen, um Probleme zu lösen, und sichern Absprachen über konzises Feedback. Sie antizipieren Schwierigkeiten (wie verlässlich ist der Urnenträger?) und lesen Gesten und Atmosphären. Sie agieren auf der »Hinterbühne« *(backstage)*, einem Ort, an dem »Illusionen und Eindrücke offen entwickelt« werden (Goffman 2003, 104). Während auf der Vorderbühne die Trauerfeier mit fest normierten Anstandsregeln, Ernsthaftigkeit, und Langsamkeit stattfindet, vollzieht sich auf der Hinterbühne eine Ensemble-Improvisation, auf der Praktiker:innen längst Profis geworden sind. Unfälle und Missgeschicke (umkippende Porträts oder festgeklemmte Rollatoren) sind unvermeidbar und müssen mit dem würdigen Habitus der Feierlichkeit bewältigt werden.

Zeremonienmeister:innen

Pfarrpersonen dürfen sich ihr Improvisieren nicht anmerken lassen. Die äußere Rahmung liegt in ihrer Verantwortung. Sie sind improvisatorische Zeremonienmeister:innen (vgl. Bell 1992, 107), ihre Kompetenz integriert – anstrengend und fordernd – das Gesamtgeschehen organisatorisch und inhaltlich, zugleich auf der Vorder- und Hinterbühne.

Bei der Bestattung empfiehlt sich das Arbeiten mit fertigen Modulen bei gleichzeitiger Offenheit für kurzfristige Nachträge. Praktiker:innen können noch ein wenig Zeit investieren, um die Hinterbliebenen als Gruppe wahrzunehmen, deren Zusammensetzung erst beim Einzug endgültig feststeht. Je mehr Informationen sie beim Gespräch vor der Kapelle oder Trauerhalle noch erhalten, desto mehr Beteiligung und Ansprache erreichen sie. Pfarrpersonen haben vielfach keine vorherige Beziehung zu den Verstorbenen und fahren zu einer Vielzahl von Friedhöfen weit über das eigene Gemeindegebiet hinaus. Wenn Praktiker:innen sehen und hören, wie die Hinterbliebenen sich miteinander verhalten, passen sie Stil und Rhetorik an. (Können die was mit Kirchensprache anfangen? Soll ich meine Lesung lieber paraphrasieren?) Improvisierende Zeremonienmeister:innen komponieren Schritt für Schritt, auf Sicht, die ganze Zeit. Hier ist ausnahmsweise *playwriting* (→ S. 123), situativ und unter Zeitdruck und mit vielen beweglichen Teilen, angebracht.

Informationen aus der Situation

Bestattungslieder als Angebot und Atmosphäre

Eine Herausforderung für kirchliche Bestattung stellen die Liedwünsche der Hinterbliebenen dar. Manche Kolleg:innen bewerten populäres Liedgut in der Beisetzung als kulturelle Verfallserscheinung. Vielleicht ist das so. Wenn ich sie aber nicht ausschließe, sondern als Material zur Improvisation, als Angebot verstehe, genauso wie andere besondere Wünsche und Ideen der Hinterbliebenen, dann gebe ich Deutungsmacht ab, fördere Beteiligung und nehme die Sprachen, Ideen und Emotionen der Hinterbliebenen auf.

Popkulturelle Lieder evozieren Atmosphären, Stimmungen und Assoziationsräume, mit denen der beziehungsweise die Praktiker:in umgehen kann. Sie bringen aber auch inhaltlich-textlich eigenes Material in die Trauerfeier, häufig sperrig; Louis Armstrongs »What A Wonderful World« etwa Dankbarkeit, Frank Sinatras »My Way« gelungene Selbst-Rechtfertigung. Die Theologien der häufigsten populären Beerdigungslieder sind meist diesseitig und handeln vom Festhalten der Hinterbliebenen an den Verstorbenen, von deren Bewahrtbleiben im Herzen. Sie verweigern die Realität des Todes. Referenzen auf Transzendenz sind, wie bei Helene Fischers »Luftballon«, Vorstellungen von Himmel, Engeln und Vatergottbildern. Positiv gewendet, könnte die Impro-Arbeit von Zeremonienmeister:innen darin bestehen, die Lieder der Hinter-

In Spannung mit christlicher Tradition

bliebenen als Angebot (nach dem Prinzip des »Ja-und«) anzunehmen und sie mit der christlichen Tradition in Spannung zu setzen, sie mit anschlussfähigem Gebet zu erweitern, Predigt und Kirchenlied und damit die Realität und Ernsthaftigkeit des Todes und die Verheißung ewigen Lebens zurückzugeben.

Übung: »Beerdigung«

»Beerdigung« ist eine klassische Improvisationsübung für mindestens drei Teilnehmende. Die ersten zwei Durchgänge finden *backstage*, die dritte auf der Vorderbühne/*stage* statt.

Ein:e Spieler:in ist der/die Verstorbene, gut sichtbar auf z. B. einem Tisch oder ein paar Stühlen aufgebahrt. Die anderen schlagen eine Todesart vor. Der/die »Verstorbene« steht auf und spielt seinen/ihren Tod – möglicherweise haben während der Trauerfeier anwesende Personen seinen/ihren Tod miterlebt, dann spielen sie mit. Anschließend wird der/die Verstorbene wieder in den Sarg gelegt und wir kehren zur Trauerfeier zurück.

Im zweiten Durchlauf treten abwechselnd die »Gäste« der Trauerfeier auf und schildern ein Erlebnis mit der/dem Verstorbenen. Nach jedem Monolog wird das Beschriebene wie in einer Rückblende noch einmal gespielt. Zwischen den Monologen bzw. Rückblenden können (z. B. unter Verwendung der Playlist eines Bestattungsunternehmens) klassische oder populäre Musikstücke gespielt werden.

In einem dritten Durchlauf organisiert ein:e Zeremonienmeister:in die Trauerfeier, und versucht, alle Monologe und Perspektiven in einer kurzen Ansprache zusammenzufassen und mit einem Bibelvers in Verbindung zu bringen.

4 Praktisch-konkrete Anregungen und Ansätze

4.1 Impro-Predigt

Improvisationspredigt zeichnet sich dadurch aus, dass sie einen unvorhersehbaren, spannungsvollen und kreativen *Live*-Dialog herbeiführt, in dem Predigende, Teilnehmende und Situation so aufeinander reagieren, dass es die Predigt bestimmt und alle gemeinsam einen Freiraum für Überraschungen und die Wirksamkeit des Heiligen Geistes vorbereiten und erwarten. Ob in einer Gruppe (wie beim folgenden Workshop), im Wechselspiel von Bibeltext, Predigttext und gleichberechtigter improvisierter Musik oder als Programm für alle Gottesdienstteile (→ 4.2.) – Improvisierende teilen sich die Verantwortung.

Ich gebe hier Planung und Verlauf eines Workshops wieder, den ich am 20. Februar 2022 bei einem digitalen Pfarrkonvent mit insgesamt neun Pfarrer:innen aus Tempelhof-Schöneberg durchgeführt habe (Dauer: ca. 45 Minuten; ich habe über das Online-Tool »Zoom« moderiert.). Die Methode arbeitet mit mentalen Bildern und innerem Monolog (nach dem Vorbild des kreativen Schreibens), die geübte Praktiker:innen schnell ins Predigen bringen, dann aber verkettet, irritiert und angereichert werden, und zum Schluss entsteht ungeplant eine Kollektiv-Predigt.

1. Die Teilnehmenden wählen per Zuruf und dann Abstimmung einen Bibeltext.
2. Einmal lesen – ein Bild festhalten, ganz genau, viele Details, abspeichern, Geruch, Farbe, Textur, Geräusche, Gefühle.
3. Perspektivisch lesen:
   a) Welche (verfremdende) Methode schlagen die Teilnehmenden vor? Langsam, rückwärts, jedes zweite Wort, ganz schnell?
   b) Vor dem zweiten Lesen die Frage: Was war dein Bild? Greif es wieder! Dann, beim Lesen: Wie verändert sich dein Bild? Was passiert mit ihm?
   c) Drittes Mal Lesen, genauso, danach nochmal das Bild mental festhalten und wie bei einem geistigen »Daumenkino« die Veränderung nachvollziehen.

4. Reihum lospredigen; wer mag, hebe die Hand, das legt die Reihenfolge fest: Jede:r hat eine bis zwei Minuten (alternativ: in vier Minuten eine Kurzpredigt vorbereiten).
5. Komponieren I: Titel für das eigene »Daumenkino« finden.
6. Komponieren II: Eine *structure*/gemeinsame Überschrift/einen roten Faden für die acht Titel der jeweiligen »Daumenkinos« und ihr Nebeneinander finden.
7. Predigt halten mit allen Stimmen in einer Reihe im Uhrzeigersinn (entsprechend der Tabelle 3 → S. 98).

Die Impro-Methoden generieren eine tiefergehende und ausführlichere Auseinandersetzung, als sie beim »normalen« Schreiben möglich wäre, und bringen das Material ohne Zensurmechanismen, nach dem Prinzip des Gonzo (→ S. 86) hervor. Zwischen den individuell geprägten »Daumenkino«-Bildern ergeben sich Spannungen im Inhalt, Duktus und Stil. Durch das wiederholte Nacheinander-Sprechen reagieren die Predigenden immer mehr aufeinander, und in der Verkettung ergeben sich unerwartete Resonanzen und Überraschungsfunde (*eutychía* und Serendipität sind im Spiel).

Dieses Experiment übernimmt die unvermittelten Übergänge zwischen Bildern aus der dramaturgischen Homiletik, wo diese nach dem Vorbild des Films »Schnitte« heißen (ähnlich auch den Unterbrechungen in Bibliolog und Bibliodrama). In der dramaturgischen Homiletik kreieren Praktiker:innen Reden, die sich in Schleifen und im Zusammenspiel von Form und Inhalt wesentlich mit Spannungen zwischen Bildern der Bibel anreichern (Vgl. Deeg/Nicol 2011). Jede Kurzpredigt hat, wie ein *move*, in sich Bestand. Da sie aber mit persönlichen Assoziationen und Bildern angereichert ist, wechselt mit jeder Kurzpredigt mit dem Inhalt das Verhältnis der Hörenden zum Bild, zum Stil und Duktus und möglicherweise auch das Genre (vgl. die Übung Genre-Radio → S. 118). Die Spannungen, mit denen die traditionelle dramaturgische Homiletik operiert, sind aufgrund der Beteiligung von acht Predigenden vervielfacht: Acht Mehrfachbilder wirken in Spannung zum Bibeltext und zueinander. Irritation und das Überbrücken von Gegensätzen (Bisoziation) ergeben sich in der ebenso improvisierten Komposition aus den spontan generierten Materialien, die eine *structure* hervorbringt (in der dramaturgischen Homiletik ist das die Gesamtstruktur der Rede, hier als Tabelle dargestellt).

In der Tabelle sind die Titel der einzelnen Kurzpredigten der acht Predigenden als *moves* festgehalten, die die jeweiligen »Daumenkino«-

Bilder entfalten. Jeder nummerierte Titel bringt die Bewegung und Intention des *moves* zum Ausdruck. Die Tabelle (siehe Tabelle 3) ist ab 1. im Uhrzeigersinn zu lesen; jeder nummerierte *move* ist eine Schleife, die von dem in der Mitte abgedruckten *Gesamttitel* ausgeht und zu ihm zurückkehrt. Grundlage ist der Bibeltext zu Sexagesimä, 20. Februar 2022: »Denn das Wort Gottes ist lebendig und kräftig und schärfer als jedes zweischneidige Schwert und dringt durch, bis es scheidet Seele und Geist, auch Mark und Bein, und ist ein Richter der Gedanken und Sinne des Herzens. Und kein Geschöpf ist vor ihm verborgen, sondern es ist alles bloß und aufgedeckt vor den Augen dessen, dem wir Rechenschaft geben müssen.« (Hebr 4,12–13):

Tabelle 3: Impro-Gruppen-Predigt

1. blutige Blumen und das Tulpenmesser	2. nackt sein dürfen	3. durchdrungen und gehalten im Lichte Christi
8. Klarheit gesucht	*Gesamttitel:* Der Mensch vor Gott geht mit einem vertrauenswürdigen Gegenüber in die Tiefe des Körpers.	4. lebendiges Wort bis ins Herz
7. Knochen offen, leben drin	6. Vorsicht, scharfe Schneide!/vom Schlachthof zum Wort	5. berührt sein und verletzt werden

Dieser beispielhafte Workshop nimmt die Updates aus dem zweiten Kapitel auf und zeigt eine mögliche Umsetzung. Die Multiperspektivik des Improvisierens wird hier ernstgenommen. Viele Praktiker:innen predigen gemeinsam, mit einem gemeinsam fokussierten Text. Sie können durch solche Ensemble-Improvisationen mit ihren Gedanken, denen ihrer Kolleg:innen und dem Bibeltext (einfacher als im Bibliolog) durch Assoziationen und Bisoziationen produktive Spannungen erzeugen. Annähern an die Verwendung mehrerer Perspektiven können sich Praktiker:innen, indem sie selbst mehrere Bilder zu »Daumenkinos« erweitern und verbinden, Schreibmeditationen oder Traumreisen mit dem Umsetzen eines Bildes als Gedicht oder Werbetext verknüpfen und auch Textsorten wechseln.

Impro-Predigt lebt von der Dezentrierung, die uns bereits in der interkulturellen Arbeit begegnet ist (→ S. 70 ff.), von einem geplanten Kontrollverlust und der Haltung, sich positiv überraschen zu lassen. Diese Predigt wird nicht aufgeschrieben und kann nur in der Gruppe gehalten werden, die die einzelnen Teile in sich trägt. Jede:r der Predigenden sieht seine/ihre Nummer und weiß, wann er/sie dran ist, achtet auf die Vorredenden und auf Signale für den Abschluss ihres Beitrags, entscheidet situativ einen Übergang, eine Anknüpfung. Der/die letzte Redende formuliert einen Abschlusssatz und endet mit »Amen«.

Die Tabelle 3 ist ein Programmskript für ein tragfähiges Gerüst *(structure)*, um das jedes Mal ein anderes Gebäude, mit anderer Fassadengestaltung, die die Freiräume füllt, zum Stehen kommt. Die *moves* ließen sich wiederholen, und dabei würde die Predigt eine je andere Gestalt annehmen; die Predigenden würden anders sprechen, mehr aufeinander reagieren und die Struktur verdichten, das Gebäude stabilisieren. In einem solchen Workshop können Praktiker:innen erleben, wie sie als kleinerer Teil zu einem gemeinsamen Ganzen beitragen und Vertrauen in andere und in den »Fluss« einer Predigt entwickeln. Für die eigene Arbeit zeigt der Workshop die Kraft von individuell und persönlich generierten Bildern in Verbindung mit anderen. Praktiker:innen, die einmal so arbeiten, werden dann aufmerksamer für die Spannungen und Brüche, die der Einsatz von mehreren Bildern (szenisch oder als Metaphern) im Predigen und in anderen Arbeitsbereichen mit sich bringt, für die durch Assoziation und Bisoziation erreichten Konvergenzen, Resonanzen und Entdeckungen.

Modell: Die 4/5-Komposition

Praktiker:innen können beim Schreiben, Gestalten und Komponieren einer Predigt (aber auch von Sitzungen, Andachten, Gebeten, Schulunterricht allen möglichen Skripten kirchlicher Arbeit) »ungeplante Phasen planen«. Wer beim Komponieren eines Skripts einen Schritt, einen *move*, offenhält, erzeugt eine insgesamt beweglichere Struktur, lässt Raum für verschiedene Richtungen und (auch interkulturelle) Perspektiven. So halten sich Praktiker:innen selbst zum Improvisieren an. Das bringt sie dazu, die Situation, in die sie während des Gottesdienstes kommen, ganz anders, viel gespannter und komplexer wahrzunehmen. Damit geben sie die Kontrolle über einen fehlenden Stützpfeiler ab, der erst zeigt, was als Gesamtstruktur herauskommt, überantworten es der Gemeinde beziehungsweise der Situation und legen es in Gottes Hand.

Anknüpfend an von Balthasars (1992) Konzept des offenen Theo-Dramas, in dem die Gemeinde zwischen Akt 4 und 5 improvisiert (→ S. 46), und an die Methoden der dramaturgischen Homiletik (Deeg/Nicol 2011) könnte man zum Beispiel eine 4/5-Predigt vorbereiten. »4/5« markiert das Freilassen eines Aktes im Drama, der dem Hier und Jetzt,

Lücke im Manuskript

der Aufgabe der Gemeinde entspricht, (nicht der fixe Anteil von 20 Prozent des Manuskripts): Ein *move* der Predigt wird im Manuskript offengehalten, also gar nicht ausformuliert. Die so entstehende Lücke im Manuskript vergrößert die ohnehin schon unterschwellig bestehende Porosität der Rede für Feedback (im Akt der Aufführung, in der Wahrnehmung der Anwesenden und ihrer gezeigten Aufmerksamkeitsstufe, in der Prosodie, Intonation, Pausensetzung etc.) während des Predigens. Predigende achten so ständig darauf, was hinzukommt; das verändert die Struktur der Predigt und den Schluss möglicherweise grundlegend, was wiederum dazu einlädt, diese Differenz *live* zu thematisieren.

Das 4/5-Modell der Predigt bezieht das je Neue, Aktuelle programmatisch mit ein. Zu den Spannungen, welche die dramaturgische Homiletik aus dem Material des Bibeltexts bezieht und die die Predigenden im Manuskript fixieren, kommt in diesem Modell die Spannung mit den am Gottesdienst Teilnehmenden und ihrer aktuellen Wirklichkeit hinzu. Predigende können sich nicht auf ihre am Schreibtisch vorgefertigten Vermutungen zurückziehen. Stattdessen lassen sie sich vom Widerstand gegen das, was das Evangelium will, und von allem, was im Raum ist, unterstützen, verbinden das lebendige Wort der Predigt mit der Lebenswelt der Hörenden. Sie überblenden Bibel- und Predigttext *live* mit der Wirklichkeit und der Situation der Anwesenden. Im Gebilde aus *moves* und *structure* setzt das die Menschen, wie sie jetzt sind, vor mir ins Bild der Predigt.

Gleichberechtigte Predigt-Musik-Improvisation

Wer weiter mit den Bausteinen des Impro-Updates spielt, kann in der Vorbereitung an die Leerstelle musikalische Improvisation setzen. Zwischen Text und Musik (reaktiv) zu improvisieren, erreicht ein Gleichgewicht zwischen zwei Formen der Verkündigung. Das geht einen Schritt weiter beziehungsweise in eine andere Richtung als das Primat des Textes und die Illustration durch die Musik. Es lässt Nonverbales, Affektives, Ephemeres, Nichtsprachliches und Sprachliches interagieren. Genauso wie die Impro-Ensemble-Predigtvorbereitung oder das Wahrnehmen der Situation in der 4/5-Komposition entsteht so unplanbar neues Material, das nach Integration verlangt. Praktiker:innen können zum Beispiel Kontrolle an Musiker:innen abgeben und sich deren unplanbaren Einfällen aussetzen, immer mit der Einstellung, zu verketten, »Ja-und« zu sagen.

Ich gebe das offene Manuskript für eine Predigt im Gottesdienst zur Frühjahrssynode des Kirchenkreises Spandau 2019 wieder. Unveränderter, aber in Sinneinheiten eingeteilter Bibeltext ist die Plattform für diese Improvisation. Der Bibeltext wird vorgetragen, gefolgt von den vorformulierten Predigtteilen. Daraufhin improvisiert der Musiker, und wiederum auf diese Musik reagiere noch einmal ich (der Prediger), frei, mit einem nicht geskripteten Teil der Predigt.

> [Text:] Gelobt sei Gott, der Vater unseres Herrn Jesus Christus, der uns nach seiner großen Barmherzigkeit wiedergeboren hat zu einer lebendigen Hoffnung durch die Auferstehung Jesu Christi von den Toten, (1 Petr. 1,3)

Wie neu geboren. Frisch. Die Augen können noch nicht richtig scharf stellen. Aber das Gefühl ist im Blut, in den Knochen. Neue Kraft ist da. Es kribbelt unter der Haut. Alles ist möglich. Das Alte interessiert keinen mehr. Alles ist möglich.

Impro-Musik
Reaktion auf Impro-Musik (Was merke ich? Wie hört sich das an? Wie fühlt sich das an?)

> [Text:] zu einem unvergänglichen und unbefleckten und unverwelklichen Erbe, das aufbewahrt wird im Himmel für euch, (1 Petr. 1,4)

Eine Absicherung, die nicht verfällt, wartet auf uns. An dem Ort, den sie Himmel nennen. Nicht über den Wolken. Im Ganz-anders-Ort. Eine Sache ist da nicht ganz anders. Da wartet etwas auf uns, ein Geschenk von Gott, aufbewahrt, unveränderlich. Total sicher.

Impro-Musik
Reaktion auf Impro-Musik

> [Text:] die ihr aus Gottes Macht durch den Glauben bewahrt werdet zur Seligkeit, die bereitet ist, dass sie offenbar werde zu der letzten Zeit. Dann werdet ihr euch freuen, die ihr jetzt eine kleine Zeit, *wenn* es sein soll, traurig seid in mancherlei Anfechtungen, (1 Petr. 1,5 f.)

Seligkeit (von indogermanisch *salin,* »Glück, Heil«) bezeichnet einen Zustand der vollendeten Erlösung beziehungsweise des Heils, aber auch des Glücks. Zur Vollendung soll im Christentum die Seligkeit im

Himmelreich kommen, doch gilt sie als Verheißung bereits für dieses Leben, wie insbesondere in den Seligpreisungen zu Beginn der Bergpredigt zum Ausdruck kommt.

Impro-Musik
Reaktion auf Impro-Musik

> [Text:] auf dass euer Glaube bewährt und viel kostbarer befunden werde als vergängliches Gold, das durchs Feuer geläutert wird, zu Lob, Preis und Ehre, wenn offenbart wird Jesus Christus. (1 Petr. 1,7)

Feuerprobe. Gesichter hart wie Kieselsteine. Besser als Gold. Wann wird mein Glaube eigentlich auf die Probe gestellt? Wann stört sich jemand überhaupt noch daran? Wann störe ich irgendwen mit meinem Reden von Jesus und Gott und Heiligem Geist?

Impro-Musik
Reaktion auf Impro-Musik

> [Text:] Ihn habt ihr nicht gesehen und habt ihn doch lieb; und nun glaubt ihr an ihn, obwohl ihr ihn nicht seht. (1 Petr. 1,8)

Irgendwann muss ich das mal für mich klären, mit der Auferstehung. Ist das eher so symbolisch, also Jesus ist gefühlt immer noch da gewesen, so als ob, fast so, genauso wie wenn er wirklich da gewesen wäre, und die konnten das nur nicht richtig anders ausdrücken? So wie sein Erbe, sein Vermächtnis, die Erinnerung, die ihn am Leben hält. Oder ist er wirklich biologisch, echt wieder lebendig geworden und dann an den Ort jenseits aller Orte gegangen? Oder soll ich darüber gar nicht nachdenken – alles ein Wunder und je geheimnisvoller, desto mächtiger? Oder gibt es Momente, wo das alles zusammenfällt, wo Jesus wirklich da ist, ich ihn körperlich spüre, und mir ganz sicher bin, dass er da ist?

Impro-Musik
Reaktion auf Impro-Musik

> [Text:] Ihr werdet euch aber freuen mit unaussprechlicher und herrlicher Freude, *wenn* ihr das Ziel eures Glaubens erlangt, nämlich der Seelen Seligkeit. (1 Petr. 1,8)

Vom Neustart zum Ziel. Vom Kleinen, Sprösslichen, Harmlosen hin zum Sinn des Glaubens, zur Seligkeit. Ausgleich. Frieden. Ewige Freude.

Impro-Musik

Amen.

Komplexer als beim Klarinetten-Improvisationsbeispiel von Andrea Bieler (→ S. 54) reagiert in diesem Beispiel nicht nur der Prediger auf die Orgelklänge, sondern auch der Kirchenmusiker auf den Prediger und seine Reflexion über den Text. Anders als bei der parataktischen Musik-Text-Improvisation von Julia Koll (→ S. 55) äußert sich die Reaktion auf die Impro-Musik in spontan formulierter Sprache (im Manuskript: »Reaktion auf Impro-Musik«) und die »Deutung« der Orgelimprovisation hat hier das letzte »Wort«.

Praktiker:innen, die auf diese Weise gemeinsam improvisieren, erreichen eine zusätzliche, offene Verkündigungsebene, bei der persönliche Reflexion, Text und Klang zusammenwirken. Im besten Fall nutzen sie dabei die Stärke von Kirchenorgeln, die neben Klängen auch in der Architektur spürbare Schwingungen erzeugen, die als »Meta«-Instrument alle anderen und nicht zuletzt die menschliche Stimme nachahmen können. Wie bei Bibliolog und Bibliodrama markieren Praktiker:innen, die Gottesdienste auf diese Weise vorbereiten, Möglichkeiten für Brüche und Verschiebungen. Nur dass hier Musik und Worte die im Manuskript vorgesehenen Lücken improvisierend füllen.

4.2 Impro-Gottesdienst

Praktiker:innen müssen nicht den ganzen Gottesdienst und alle seine Teile unter das programmatische Motto »Impro« stellen, sondern können verschiedene Methoden behutsam und nach und nach einsetzen. Einen Teil zu öffnen, eine Übung zu integrieren, genügt bereits; das wird dann (entsprechend der Idee des 4/5-Manuskripts oder Jesu Gleichnis vom Sauerteig, Mt 13,33) auf den Gottesdienst ausstrahlen. Wer entscheidet, einen Gottesdienst in Gänze als »Impro« anzukündigen und Impro zu seinem zentralen Leitprogramm macht, verändert die Erwartungshaltung der Teilnehmenden; sie gehen zum Beispiel aufmerksamer, vielleicht risikobereiter, aber auch gelassener gegenüber Fehlern in die Feier als in einen traditionellen Gottesdienst. Wer so programmatisch einen Gottesdienst feiert, wird auch in der Arbeit in anderen kirchlichen Bereichen dafür sensibilisiert, Platz zu machen, sich als Teil eines großen Ganzen zu erleben, sich planlos auf andere und Gott zu verlassen und mit ihnen zu rechnen.

In Impro-Gottesdiensten oder in Impro-Phasen des normalen Sonntagsgottesdienstes sorgt die Rahmung als »Impro« dafür, dass sich neue und intensivere Gemeinschaftserfahrungen und Vergemeinschaftungen ergeben, weil die Inhalte und Abläufe nicht mehr in der Hand einzelner liegen, sondern alle aufpassen, aufeinander achten und stärker mitmachen müssen, damit der Ablauf weitergeht.

Alternativer Impro-Gottesdienst am 23. Oktober 2022, Glaubenskirche Tempelhof, Berlin

Für einen alternativen Impro-Gottesdienst mit einer Gruppe von fünf Jugendlichen war der gesamte Ablauf als Folge von Impro-Elementen geplant. Es war der Versuch, möglichst jeden Teil des Gottesdienstes mit Ungeübten und Nichtordinierten sowie Jugendlichen auf der »Altar-Bühne« und mit möglichst großer Beteiligung zu improvisieren. Der Gottesdienst wird zum Experiment, in dem nicht nur geschulte Leitende, sondern viele in Improvisationsübungen die Aufgabe der Anrufung, der Verkündigung, des Gebets übernehmen und in dem beim Abendmahl geteilt wird, was die Menschen mitbringen.

Das Team wollte nicht das eigene Können zeigen (präsentierendes Improvisieren – nur drei von sechs im Team hatten einschlägige Erfahrung), sondern alle Anwesenden so stark wie möglich aktivieren (partizipatorische Improvisation). Theatrale Improvisation sollte nach dem Vorbild von Gary Izzo (→ S. 43 ff.) für Lai:innen geöffnet werden.

Die im Folgenden abgedruckte Tabelle 4 benennt die Methoden mit einer Kurzbeschreibung des Ablaufs (und der Wiederholung bzw. Variation), die verantwortliche Moderation und die Rollen. Die Gestaltenden hatten nur die Tabelle 4 in der Hand.

Der Predigtteil nimmt den größten Raum ein. Er wird durch mehrere Impro-Methoden gefüllt. Eine Gebetsübung brachte alle Teilnehmenden in den Altar beziehungsweise Bühnenbereich, wo das Abendmahl in dem Umgang mit den Elementen improvisatorisch abgeändert wurde. Agendarisch-unveränderte Teile wie Vaterunser und Segen sorgten für einen gewohnten Außenrahmen.

Das Team hatte so bis zu der zweistündigen Generalprobe noch nicht zusammengearbeitet. Als Teil der theatralen Improvisation wurde im

Musik als eigener Kanal

Vergleich zu allen mir bekannten Impro-Gottesdiensten erstmals Musik, so weit möglich, als eigener »Kanal« mitgeplant, sodass theatrale und musikalische Improvisation in ein Wechselspiel im Gottesdienst kommen. Die Interaktion wird dadurch deutlich komplexer, weswegen musikalische Improvisation hier nicht bei allen Methoden Anwendung finden konnte. Die Tabelle 4 markiert, wo Kirchenmusiker:innen und Impro-Liturg:innen interagieren, sodass Klang, Bewegung und Rede sich ergänzen und nicht unterbrechen oder übertönen. Für den gemeinsamen Gesang haben sich Taizé-Lieder bewährt. Sie erfüllen Turinos (2008) Anforderungen für partizipative(re)s Musikmachen (→ S. 67).

Ich gebe die Planung unverändert wieder. Praktiker:innen können durch die Tabelle 4 einen möglichen Impro-Gottesdienst mit Abendmahl nachvollziehen. Jede der Methoden kann als herausgetrennte Übung auch in anderen Kontexten als im Gottesdienst eingesetzt werden.

Tabelle 4: Tempelhofer Impro-Gottesdienst

Phase	Ablauf	Moderation	Mitspielende	Impro-Musik
musikalisches Vorspiel				
tönen	Jede:r macht reihum ein anderes Geräusch und hält es, bis die Kirche akustisch voll ist.	Bertram	alle Teilnehmenden	
Impro-Votum	Wir feiern Gottesdienst im Namen von … Mikro an Teilnehmende (3x).	Clara	alle Teilnehmenden	Nach jedem Votum ein paar Töne als Reaktion.
Ernennung der/s Wellenbeauftragten	Ein:e Teilnehmende:r darf bei gelungenen Aktionen eine La Ola-Welle starten, er/sie wird ernannt.	Clara	ein:e Teilnehmer:in	Je einmal Fanfaren-Musik.
Emotionen (1x)	Eine Emotion links, eine rechts, in der Mitte neutral, Wer/Was/Wo aus dem Publikum.	Bertram	Team spontan	Mit sparsamen Tönen das Geschehen kommentieren, sodass die Sprechenden nicht unterbrochen werden.
Spiegelpredigt (2-3x)	Prediger am Mikro, Bewegungsmacher:in auf Stuhl dahinter, alle stehen auf und machen nach.	offen	1. Durchlauf: Bertram predigt, Team macht Bewegungen 2. Durchlauf: Mathis predigt, Publikum macht Bewegungen 3. Durchlauf:??? vom Publikum predigt	

Phase	Ablauf	Moderation	Mitspielende	Impro-Musik
Lied	Ubi Caritas (Taizé) vorgesungen/auswendig	Bertram		Begleitung
Standbilder-Predigt (1x)	Eine:r aus dem Team interpretiert, drei machen 3 × ein Standbild/Predigtthema und einen Ort ruft das Publikum zu.	Clara	3 × Team spontan ???? interpretiert Durchlauf mit Team und???? Durchlauf mit Publikum als Standbild.	
Agora/Forum (1x)	Publikum ruft Thema zu, alle laufen auf dem Forum und kommentieren die biblische Geschichte.	Bertram	alle Teilnehmenden	»Wandelnde« Begleitmusik, stoppt immer dann, wenn jemand ans Mikro tritt.
Wenn noch viel Zeit ist: Replay. (3x)	Klassische Impro-Szene, Vorgabe vom Publikum: Wer/Was/Wo, sofort klären, wie heißt jeder, was machen wir, warum/Durchlauf normal/Durchlauf ohne Worte/Durchlauf: In Genre (Krimi, Superheldenfilm, Komödie, Kriegsfilm, Horror, Kinderfilm).	Clara	Team	

Phase	Ablauf	Moderation	Mitspielende	Impro-Musik
Erzählraupe (1x)	Thema vom Publikum/Team in einer Reihe, erste:r etabliert, Wer/Was/Wo, alle *machen* etwas, *erleben* etwas, *sehen* etwas, das sie teilen, sprechen nicht über andere/Abwesendes.	Mathis	Team	
Lied (3–4x)	Occuli Nostri (Taizé)			Begleitung
Standbilder-Gebet mit Mottos/Bibelversen (1x)	Jede:r Teilnehmende überlegt einen Vers und ein Standbild dazu, dann nach vorne in den Kreis, ergänzend hinstellen, dann wegtreten nacheinander und Vers sagen.	Bertram	alle	Begleitung
Impro-Abendmahl, tönen und Segen, Vaterunser	Improvisiertes Abendmahl, mit dem, was da ist/im Kreis Töne machen, Übergang in Segen und Vaterunser.	Bertram		
Musik zum Ausgang				

Mit Beteiligung der Gemeinde führte dieses Experiment in wesentlichen Teilen (bis auf die agendarische Außenrahmung) Impro-Übungen als Gottesdienst auf; der Gottesdienst wurde zum offenen Live-Impro-Workshop mit offenem Ausgang. Er zeigt die Möglichkeiten kombinierter theatraler und musikalischer Improvisation als Programmlogik. Die Zusammenstellung lädt zum Nachmachen, Abändern und Experimentieren ein. Praktiker:innen, die sich mit diesen Formen von Gottesdienst intensiver und länger befassen, entwickeln eine Haltung, die in jedem kirchlichen Bereich nach Beteiligungsmöglichkeiten sucht und die Präsentierbarkeit der eigenen Person oder Rolle dem erfolgreichen Problemlösen oder einem kreativen Prozess unterordnet. Sie vertiefen eine Spiritualität, ein Sich-Öffnen, ein Sehnen und suchendes Wahrnehmen von überraschenden Entdeckungen, die Gott schenkt, wenn wir loslassen, in Details und großen Fragen.

Nonverbale und spirituell tiefgehende Partizipation erreichte das Tönen, als buchstäbliche Ein-Stimmung. Improvisieren braucht nicht nur Worte, kann mit eingestimmten Körpern beginnen. Eine einfache Verbindung von Körpern, das Spiel mit Klang, ermöglicht Praktiker:innen, ohne Instrumente, ohne Angst vor Bewertung des eigenen Beitrags wirksam und spirituell tiefgehend zu improvisieren. Ob im Gottesdienst oder in anderen kirchlichen Arbeitskontexten können Praktiker:innen bei Percussions mit dem eigenen Körper anfangen (klatschen, klopfen, rascheln etc.). Sie können Menschen den eigenen Puls fühlen lassen, sie dann bitten, den Rhythmus zu klopfen oder zu trommeln, um die Herzen aller hörbar zu machen und zu verbinden.

Übung: Tönen

Die Teilnehmenden befinden sich in den Bankreihen oder im Kreis, und eine Moderatorin bestimmt eine Person, die anfängt. Jede und jeder soll im Uhrzeigersinn einen Ton machen und aushalten. Dann fügt die nächste einen weiteren, anderen hinzu. Ein Klanggeflecht wird dann »beweglich«, es entwickelt ein Eigenleben, füllt den Raum. Anleitende können versuchen, Lautstärke und Geschwindigkeit zu beeinflussen. In das Geflecht können verbalsprachliche Impulse wie »Frieden«, »Halleluja« oder ähnliches eingegeben werden, die dann das Gefüge verändern. Die Anwesenden bilden einen gemeinsamen Klangleib.

Mit dem Tönen orientieren sich Praktiker:innen am *Droning*, einer Gesangs- und Musiktechnik, bei der Töne in die Länge gezogen werden. Mit Tönen ermöglichen Praktiker:innen Teilnehmenden – inklusiv und unabhängig von Befähigung –, den eigenen Klangbeitrag zu einer improvisierten Klanggestalt spüren und steuern zu können – den Körper als Instrument für ein gemeinsames Kunstwerk zu erleben.

Tönen vertieft spirituelle Erfahrungen (vgl. Schirr 2019). Jede:r kommt dabei vor, soweit er beziehungsweise sie mag. Zugleich schwingen sich die Körper im Raum aufeinander ein und aktivieren sich gegenseitig. Teilnehmende verstehen das Prinzip schnell und füllen auch große Kirchräume aus, ausfallende oder brüchige Stimmen werden integriert, sie antworten auf das Vorspiel.

Das Impro-Votum eröffnet sprachlich das Geschehen. Das Votum, das in der Agende formelhaft gesprochen würde, erklärt *live* das Prinzip des Ablaufs: Eine Grundlage liefern die Leute auf der Bühne, dann sind alle gefragt, und das Mikrofon wird abgegeben an die Menschen in den Bankreihen.

Um eine Kommentarfunktion zu ermöglichen und die Teilnehmenden zu involvieren (→ S. 21), bestimmt der Moderator oder die Moderatorin eine Person aus dem Publikum zum/zur Wellenbeauftragten. Er oder sie startet, wenn er/sie einen Einfall begrüßt oder einen Moment gelungen findet, eine La Ola-Welle, die die anderen im Publikum zustimmend mitmachen (oder nicht).

Übung: Emotionen

Es soll eine Bibelgeschichte mit zwei Charakteren gespielt werden. Das Publikum bestimmt sie per Zuruf. Die Spielenden zeigen dem Publikum dann drei Zonen vor dem Altar, eine Emotion links, die entgegengesetzte rechts, ein neutraler Bereich in der Mitte. Die Charaktere nehmen die Gefühle der Zone, in der sie sind, auf, und spielen sie aus, bewegen sich zwischen Zonen und Gefühlen hin und her. Auch die Emotionen soll das Publikum per Zuruf bestimmen. Dann wird losgespielt. Ein:e Kirchenmusiker:in kann das Geschehen und die gezeigten Gefühle klanglich in antizipierten Pausen, vor allem während Bewegungen von einem Ort zum anderen kommentieren, was wiederum die Rede und die Bewegungen der Liturg:innen beeinflusst.

Auf die Frage »Welche Geschichte?« rief eine Teilnehmende: »David und Goliath«. – »Okay, und welche Emotionen haben David und Goliath in der Geschichte?« – »Traurigkeit und Liebe«. Indem sie zwischen den beiden Polen hin und her wechselnd ihre Seite der Geschichte erzählten, näherten sich David und Goliath einander im neutralen Bereich an und verblieben dort. Sie versöhnten sich. Das Publikum jubelte.

Die Methode »Emotionen« eignet sich für alle kirchlichen Felder, zum Beispiel auch für Unterricht oder Bibelgruppe. Dieses Spiel haben die Jugendlichen mit Impro-Erfahrung entwickelt. Wenn so eine Methode in der Seelsorge eingesetzt würde, machte sie in jedem Gespräch entstehende emotionale Übertragungen und Rückübertragungen mit Bewegung und Raumzonen sichtbarer.

Übung: Spiegelgespräch/-predigt

Für Spiegelgespräche stehen einzelne Sprechende einer Gruppe/Gemeinde gegenüber. Hinter dem/der Prediger:in steht eine weitere Person, erhöht (z. B. auf einem Stuhl), gut sichtbar für die Gruppe/Gemeinde. Ein Thema wird aus dem Publikum zugerufen und der/die Sprechende beginnt seine/ihre Rede. Die Person hinter dem/der Sprechenden macht Bewegungen und Gesten, die die stehende Gemeinde sieht und gemeinsam imitiert. Die sprechende/predigende Person reagiert, körperlich und sprachlich, auf die von der Gemeinde gespiegelte, kollektiv aufgeführte Bewegung. Manche Sprechende machen bewusst oder unbewusst die Bewegungen mit, die sie sehen. Die Bewegungen strukturieren dann meist die Rede, werden durch Assoziationen (Verkettung) und Bisoziationen (Spannung) gedeutet und inkorporiert.

Spiegelpredigt verstärkt Feedback-Schleifen, die kleinen körperlichen und nonverbalen Reaktionen und Interaktionen, die jede Predigt mitbestimmen, und zeigt sie deutlicher. Erfahrungsgemäß enden Spiegelpredigten mit Gesten, die Transzendenz evozieren. Jede:r aus der Gemeinde kann predigen und Bewegungen vormachen, aber nur in etwa einem von drei Fällen, traut sich jemand.

Praktiker:innen könnten Spiegelgespräche in der Schule genauso wie beim Seniorenabend einsetzen, also Körper und Rede in Feedbackschleifen verbinden. Mit mittelhohen Beteiligungsschwellen ermöglicht die Spiegelrede/-predigt, den Körperbewegungen von Sprechenden (hier Predigenden) und die Körper aller Teilnehmenden verstärkend einzubeziehen und die gestisch-körperliche Dimension von Gespräch und Rede hervorzuheben.

Mit Impro-Elementen lassen sich viele Körper auf die Bühne bringen, wo sonst nur die Ordinierten agieren. So kann eine Vielfalt an persönlich reflektierten Bibeltexten und Glaubensinhalten konkret verkörpert, gezeigt und geteilt und miteinander ins Verhältnis gesetzt werden. Daraus entsteht wiederum etwas Größeres.

Eine einfache Methode dafür sind auch Standbilder. Als klassisches Impro-Element haben sie wenige Voraussetzungen und lassen sich gut erklären. Sie sind als Methode der Verkörperung auch für pädagogische, kybernetische oder seelsorgerliche Arbeit empfehlenswert und kombinierbar.

Standbilder

Übung: Standbilder-Predigt

Drei bis vier Leitende und Menschen aus dem Publikum bzw. der Gemeinde machen ohne vorherige Absprache, auf ein Signal hin, je ein Standbild, stellen also eine Szene mit ihren stillen Körpern dar. Auf ein Signal eines Moderators oder einer Moderatorin wechseln sie spontan die Körperpositionen und bilden ein neues Standbild; das wird zwei- bis dreimal wiederholt. Eine Person beschreibt die fertigen Standbilder und entwickelt daraus eine Predigt.

Wenn Praktiker:innen die gewohnten Körperkonfigurationen wechseln, eröffnen sie auch neue Räume, können Status »aufwirbeln«, Interaktionen anregen und Partizipation verstärken. Bewegungs- und Begegnungsräume, in der Kirche, können unplanbaren Austausch reaktivieren. Ob als Auslegungsmethode oder als Debattenform (wie in ihrem ursprünglichen Sitz im Leben) öffnen Praktiker:innen so Bühnen und Mikrofone für alle.

Offenes Mikro

Übung: Agora/Forum

Das Publikum gibt ein Thema oder eine (Bibel-)Geschichte vor, welche die moderierende Person kurz in eigenen Worten für alle zusammenfassend wiedergibt. Wie die Philosoph:innen der Antike werden alle aus dem Publikum eingeladen, in einem Kreis vor dem Altarmikrofon zu wandeln, miteinander ins Gespräch zu kommen, allein und still oder gemeinsam die Geschichte/das Thema zu reflektieren. Wenn sie etwas sagen wollen, können sie ans Mikrofon treten. Dann stoppen alle, hören und schauen zu. Das kann auch musikalisch mit Begleitwandelmusik und Stopp nachvollzogen werden. Nach einer Sättigung von Kommentaren oder langem stillen Lauf endet die Moderation mit einem »Amen«.

Nach diesem partizipatorischen Spiel sah der Plan die Möglichkeit vor, ein stärker präsentierendes Impro-Element zu nutzen: »Replay« ist ein klassisches Impro-Spiel, das im konkreten Gottesdienstexperiment als Reserve gedacht war und tatsächlich nicht eingesetzt wurde. Es dient dazu, dieselbe biblische oder biblisch inspirierte Szene aus verschiedenen Perspektiven je neu zu erleben und führte zu neuen Einsichten über die Charaktere und Situation, Probleme und Gefühle.

Übung: Replay

Zwei bis drei Spielende fordern vom Publikum das Wer/Was/Wo einer biblischen Szene ein, die möglichst kurz, klar und stringent ist. Sie spielen sie einmal »neutral« vor. Nach dem Ende der Szene wird sie ohne Worte wiederholt, das verstärkt in der Regel die Ausdruckskraft der Gesten und Bewegungen. Dann soll das Publikum ein Genre zurufen, entweder ein Film- oder ein Buchgenre, z.B. Western, Drama, Horror, Werbung etc., und die Szene wird dem entsprechend ein drittes Mal präsentiert.

Auch »normale« Gottesdienste haben ungeplante Phasen, in denen sich die Teilnehmenden selbst organisieren, allen voran das Hereingehen und Herausgehen. Der Raum für solche Interaktionen ist jedoch begrenzt. Schon um mehr als zwei Körper in einer Reihe im Altarbereich agieren zu lassen, wie bei einem Anspiel, sind häufig Umbauten wie Podeste erforderlich. Oder dem stehen liturgisch-architektonische Grenzen entgegen.

Wie mehrere Menschen mit einem geteilten Fokus im Altarbereich aufeinander reagieren, kann die folgende Improvisationsübung zeigen. Sie nimmt das Phänomen der Selbstorganisation einer Schlange (am Bankschalter oder Lettner) auf, bei der Menschen im Alltag genau auf Abstände und Reihenfolge achtgeben – aber hier fangen sie an, gemeinsam und spontan eine Geschichte zu erzählen. Praktiker:innen können solche Schlangen oder Raupen als Anordnung von Körpern einsetzen und das kreative Zusammenspiel anregen. Dabei interagiert eine ständig wechselnde Person mit dem Publikum: Jede:r ist auf einen kurzen Beitrag beschränkt, muss aber sehr genau den Vorredenden zuhören und ohne längeres Überlegen anknüpfen – ohne die anderen sehen zu können wie in der Übung »Beitragskreis« (→ S. 130).

Übung: Erzählraupe
Leitende laden auch Menschen aus dem Publikum ein, sich gemeinsam mit ihnen hintereinander vor dem Altar/auf der Bühne zu positionieren, wie eine Raupe aus Menschen. Der/die erste fordert Wer/Was/Wo von der Gemeinde ein und fängt an, die entsprechende Szene zu beschreiben, als würde sie sich vor den Augen der Menschen in der Erzählraupe ereignen, beginnend mit »Ich sehe ...« (vgl. die Beyond-Übungen von Spolin → S. 37). Nach einem Satz stellt er/sie sich hinten an, und der/die Nächste nimmt den Faden auf oder verknüpft mit »und ich sehe ...« usw.

Im konkreten Experiment entwickelte sich eine Geschichte um den Alkoholkonsum von Noah mit schallendem Gelächter (obwohl mehrere der Jugendlichen die Geschichte gar nicht kannten). Die nächste Übung erlaubt noch mehr Menschen, im Altarbereich zu agieren und den Gottesdienst prägend mitzugestalten.

Übung: Standbilder-Gebet (nach Felix Ritter)
Als Ausdruck eines Textes oder einer Glaubensüberzeugung lassen sich Standbilder auch für das Standbilder-Gebet einsetzen. Dazu werden Teilnehmende nach einem Bibelvers (oder Motto, möglichst bibelverbunden) gefragt, der für sie wichtig ist, den sie mit sich tragen. Jede:r möge sich ein Standbild, eine eingefrorene Geste überlegen, die den eigenen Vers ausdrücken kann. Dann treten alle Teilnehmenden in einen Kreis vor dem oder um den Altar. Jede:r ist aufgefordert, in die Mitte zu treten und ihr/sein Standbild zu machen. Dabei können sie sich zu schon stehenden Bildern in Beziehung setzen. Das geht so lange, bis alle da sind. Jede:r sagt den eigenen Vers laut, löst ihr oder sein eigenes Standbild auf und tritt zurück in den Kreis.

Bei der pragmatischen Organisation des Abendmahls, bei der Verteilung von Wein und Brot haben kirchliche Praktiker:innen schon immer improvisiert. Mit zunehmender Entkirchlichung verliert das Abendmahl an ritueller Sicherheit für Leitende und Teilnehmende, Pannen und Irritationen häufen sich. Wann empfängt der Chor, der zu Beginn der Austeilung noch gesungen hat, Kelch und Patene, wann die Kirchenmusiker:innen? Wer versorgt die Pfarrperson am Schluss? Das können Praktiker:innen fokussieren, also absichtlich auf ein Problem im Abendmahl verweisen. Zum Beispiel: Wir können das Abendmahl gerade nicht machen, denn etwas fehlt, und ihr müsst helfen! Sie üben dabei auch für »normale« Abendmahle.

Übung: Impro-Abendmahl
Vor dem Sprechen der Einsetzungsworte wird den Anwesenden mitgeteilt, dass kein Brot da ist und sie sich in derselben Situation befinden, wie die Jüngerinnen und Jünger und Jesus an Gründonnerstag, die nicht alles hatten, was sie fürs Mahl brauchten. Alle werden gebeten, zu schauen, was sie dabeihaben und das auf den Abendmahlsteller/die Patene zu legen. Es empfiehlt sich aber, zur Sicherheit ein bisschen Brot oder Brötchen in der Hinterhand zu haben, damit die traditionellen Elemente verwendet und lange theologische Debatten vermieden werden; dasselbe gilt für Traubensaft oder Wein.

Abendmahl mit dem, was da ist

Für das Abendmahl gab es im Tempelhofer Impro-Gottesdienst kein Brot, nur ein trockenes, altes Brötchen, das eine Jugendliche mitgebracht hatte, sowie vorbereiteten Traubensaft und Einzelkelche (wegen Covid-19). Die Teilnehmenden wurden gebeten, etwas auf den Patene-Teller zu legen, was sie gerade dabeihatten und teilen konnten. Es wurde angesagt: Jesus hat das letzte Abendmahl auch improvisiert, mit dem, was da war. Die Gottesdienstbesuchenden legten hinzu, was sie in Taschen und Mänteln fanden, unter anderem Bonbons, Kekse, Gummibärchen und Schokolade. Bei der Austeilung hatte jede:r die Wahl zwischen einem Stückchen Brötchen oder anderen Sachen. Einzelkelche mit Traubensaft folgten. Eine Frau schlug vor, »Hevenu Schalom Alejchem« zu singen. Ich begann erneut das Tönen, bis alle im Kreis eingestimmt hatten. Nach einer Weile wurde ich immer leiser, bis das Tönen in Stille überging, und stimmte dann das Vaterunser an. Der (aaronitische) Segen im Kreis folgte dem agendarischen Gottesdienst.

Reflexion

Dieser Impro-Gottesdienst ermöglichte es, den vom Priestertum aller Gläubigen geprägten Kriterien des Gottesdienstbuches experimentell näher zu kommen als der agendarische Gottesdienst: Die ganze Gemeinde kann sich sichtbar beteiligen und vielfältig mitgestalten. Nonverbale, körperliche und klangliche Methoden schließen Menschen unterschiedlicher Befähigung ein. Einen Schwerpunkt bildeten die neuen Möglichkeiten, biblischem Zeugnis und individuellem Glauben körperlich Ausdruck zu verleihen, in Gebet und verschiedenen neuen, dialogischen Formen der Predigt.

Weiterzudenken sind die Kriterien des ökumenischen Glaubensausdrucks und die Verbindung mit dem Judentum), auch mit Blick auf interkulturelle Improvisationen (das Experiment war deutschsprachig-landeskirchlich-Weiß geprägt). Texte und Personen der hebräischen Bibel wurden integriert (David und Goliath, 1 Sam 17, Noah, Gen 9), aber auf das jüdische Erbe und den Zusammenhang von Abendmahl und Pessach könnte deutlicher verwiesen werden. Eine Teilnehmende schlug spontan ein hebräisches Lied vor (»Hevenu Schalom Alejchem«). Insgesamt werden im Vergleich zur agendarischen Struktur die Anrufung und das Bekenntnis in einen ausführlichen multimodalen Verkündigungsteil eingefaltet und kommen weniger zur Geltung. Das gemeinsame Ritual des Apostolischen oder Nizänischen Glaubensbekenntnisses, wie in der Agende vorgesehen, war – bezeichnenderweise – nicht geplant und nicht Teil des Experiments. »Bekennen und improvisieren« wäre ein vielversprechendes Experimentierfeld für die Zukunft. Die Anpassung der Glaubensbekenntnisse an die Situation der Glaubenden kann inklusiver und diverser Ausdruck des Glaubens werden – zum Beispiel in der interkulturellen Begegnung (→ S. 68 ff.), im improvisierenden Schreiben oder Sprechen eigener Glaubensbekenntnisse.

Impro-Bekenntnis?

Ein Impro-Gottesdienst macht Praktiker:innen deutlich, wie wenig klassische Gottesdienstorte architektonisch als Begegnungs-, Bewegungs- oder Interaktionsorte angelegt sind – es sind Räume des Hörens. Mit einem Impro-Blick zeigen sich neue Bewegungsmöglichkeiten und Zwischenzonen, um den Raum anders zu bespielen, etwa mit Prozessionen um die fest installierten Bänke herum oder mehr Bewegung im Altarraum.

Praktiker:innen setzen in Impro-Gottesdiensten Körper anders ein und bringen sie in andere Konstellationen als agendarisch und architektonisch vorgesehen. Um ein anderes Interaktionsschema (im Gottesdienst) zu erleben, müssten sie sonst in eine andere Kirche (oder ins Theater oder Stadion) gehen. Im Tempelhofer Impro-Gottesdienst agierten Körper in Form des frontalen Gegenübers von Sprechenden und Hörenden, in Schlangen und im Kreis. Denkbar wären Wege, die auch in sonst wenig benutzte und wahrgenommene Bereiche des Kirchenraums – etwa hinter den Altar (oder um ihn herum) – führen können.

Tiefergehend zeigte der Tempelhofer Impro-Gottesdienst, dass biblische Geschichten auch ein alternatives Ende finden und dann so »stehen bleiben« können. Sie stellen erneut die (bereits im Zusammenhang mit Bibliolog und Bibliodrama → S. 85 diskutierte) Frage nach den möglichen Grenzen der Verkündigung und alternativen Enden (vgl. Schirr 2023).

Die bleibende Frage, inwieweit das Abendmahl improvisiert werden kann, wenn die dafür vorgesehenen Dinge nicht zur Verfügung stehen, vertiefe ich im Abschnitt zum Online-Abendmahl in Kapitel 6 (→ S. 145).

Die »Impros von Nazareth«

Der Tempelhofer Impro-Gottesdienst wäre ohne die Erfahrung, die ich als Mitglied der »Impros von Nazareth« über viele Jahre machen durfte, nicht möglich gewesen. In der Nazarethkirche im Berliner Wedding gegründet, feiern die Impros ein- bis zweimal im Jahr einen Improvisationsgottesdienst an wechselnden Orten der EKBO. Der Nachmittag ist dabei für das Einspielen und Festlegen der Methoden sowie Impulse von Impro-Coaches vorgesehen, der Gottesdienst findet am Abend statt. Wer Interesse an einem Beispielablauf oder weiteren Methoden wie Bibel-Collage oder Flüstervotum hat, kann gerne an einem Impro-Gottesdienst teilnehmen. Einige der vorher gezeigten Methoden, die ich selbst mitentwickelt habe – das Tönen, die Spiegelpredigt, das Standbildergebet und Agora –, sind aus dem noch deutlich umfangreicheren Repertoire der Impros von Nazareth hervorgegangen.

Eine Grundfrage des Tempelhofer Experiments und der Arbeit der »Impros von Nazareth« ist, ob es für einen Impro-Gottesdienst eine Metaebene, einen roten Faden oder eine Entwicklung in Anlehnung an den agendarischen Gottesdienst geben muss. Teilweise wurde ein:e Pfarrer:in als Deuter:in eingesetzt, um die verschiedenen Methoden und Spiele in Beziehung zu setzen und ein rahmendes Thema *live* zu entwickeln.

Das Neue festhalten

Einige Impro-Gottesdienste der »Impros von Nazareth« standen unter einem festgelegten Thema, auf das sich dann alle Methoden beziehen sollten. Dahinter steckt auch das Bedürfnis, spannende, »*live*-exegetisch« gewonnene Entdeckungen festzuhalten. Ein möglicher roter Faden stellte sich dadurch ein, dass die Impro-Pfarrer:innen persönlich und *live* reflektierten, was sie gelernt haben.

Die Aufwärm- und Vorbereitungszeit des Ensembles vor dem Gottesdienst variiert bei den »Impros von Nazareth« zwischen sechs und acht Stunden. Für solche Phasen sind Pausen und die Wahrnehmung des eigenen ganzkörperlichen Befindens wichtig. Wenn sich in der Vorbereitung gelungene Witze, entladendes Gelächter und kathartische Momente einstellten, wurden diese erfahrungsgemäß während der Aufführung wiederholt, hatten aber ein geringeres Energielevel. Manches ergibt sich als Gegenreaktion zu einer Erfahrung beim Warm-up oder bei einer Übung: Einmal predigte ich bei einer »Genre-Radio«-Übung (siehe unten),

Ausgleichende Energien

durchaus verstörend, nahe an der Rhetorik von Joseph Goebbels über ein Wasserglas und wählte dann als ungeplante Gegenreaktion beim eigentlichen Gottesdienst eine extrem weiche und sanfte Stimme und Präsentationsform – und glich auch für mich die Energielevel aus, exorzierte die subversive Erfahrung mit einer Gegenbewegung.

Bleiben Konflikte oder Irritationen in der Sozialdynamik der Gruppe außerhalb der Aufführung unbearbeitet, werden sie eins zu eins in das Spiel übernommen. Wer sie nicht gründlich auslöscht oder irritiert, wird sich mit »Alphatier«-Phänomenen auseinandersetzen müssen. Das gilt für alle Gruppenprozesse, vom Hallo-Sagen bis zu den Methoden und Warm-ups.

Inklusion und Exklusion

Wichtig für das Zusammenspiel eines Ensembles ist – wenn *in situ* auch andere aus dem Publikum hinzukommen sollen –, wie Menschen aufgenommen werden, die neu in die Gruppe kommen. So berichtete ein Pfarrer, der zum ersten Mal dabei war, dass er die Gruppe als stark in sich geschlossen wahrnahm. Als im Vorbereitungsteil die Zeit knapp wurde, sah er sich mit der Äußerung abgespeist: »Vertrau uns, wir machen das schon.« Ensemble-Improvisation kann durch Eingespielt-Sein auch erneut Barrieren aufbauen, wenn der *témenos,* der bewegliche, heilige Vertrauensraum (→ S. 42), nicht im Vorhinein entsprechend erweitert wurde. Das zeigt ein professionelles, eingespieltes Team, aber es erschwert die Erweiterung des *témenos* während eines Impro-Events mit Impro-Lai:innen.

Die Methode »Genre-Radio« der »Impros von Nazareth« ist für Pfarrpersonen oder Fortgeschrittene geeignet. Routinen produktiv zu irritieren, gelingt geschulten Praktiker:innen in dieser Übung auch in der Arbeit an Stilen, Atmosphären, kulturellen Regeln und Gewohnheiten – im Nebeneinanderstellen von Gattungen.

Übung: Genre-Radio

Das Publikum wird nach den verschiedenen Arten einer Predigt gefragt und der/die Moderator:in schreibt sie auf je eine Karte (bspw. Lehrpredigt, politische Predigt, meditative Predigt, »3-Punkte und ein Gedicht/Witz« etc.). Drei Predigenden – sie stehen am besten etwas erhöht – wird zufällig eine der Genre-Karten zugeteilt. Ein Thema wird vom Publikum zugerufen. Der/die Moderator:in schaltet dann mit einer imaginierten Fernbedienung das Radio ein und wechselt frei die Kanäle. Wenn auf eine:n Predigende:n gezeigt wird, spricht er/sie möglichst erkennbar in ihrem Genre über das Thema, verbunden auch mit entsprechender Körperhaltung, Intonation etc.

Spontaner Genre-Wechsel

Variante: Es ist auch möglich, dass das Genre-Radio Musik einbezieht. Ein:e Musiker:in entwickelt dann zu den Genre-Karten spontan Jingles für jeden »Kanal«. Damit kann der/die Musiker:in durch Anspielen des Jingles das gewünschte Genre und die Predigenden aktivieren, und die Besonderheit der Predigt-Genres wird verstärkt.

Wenn Praktiker:innen denselben Inhalt in mehreren Gattungen zur Sprache bringen und dann wiederholt wechseln, kann das (stärker als beim Predigt-Ensemble-Workshop → S. 97 ff.) eine Zusammenschau von sonst getrennten Perspektiven bewirken. Der Kontrast, die Möglichkeit von Mehrdeutigkeit und gleichberechtigten Alternativen regen neue Bedeutungsgewinne durch Assoziation und Bisoziation an.

4.3 Impro-Religionspädagogik

In einer siebten Stunde des Religionsunterrichts rief eine Schülerin »Genau wie beim Todesstern«, als auf dem Smartboard das Schema des Jerusalemer Tunnelsystems bei der Eroberung Jerusalems durch König David zu sehen war. Der geplante Ablauf dieser Stunde zu 2 Sam 5 war dahin – und das Lehr- und Lerngeschehen wurde viel besser. Andere Schüler:innen verglichen das Eindringen der Kommandotruppen Davids mit der Eroberung von Helms Klamm in »Der Herr der Ringe«. Ein Schüler erzählte die Geschichte der Eroberung Trojas. Gemeinsam entwickelten sie eine ikonographische Genealogie, eine Karte popkultureller Zitate.

Modell: Heureka-Pädagogik und *disciplined improvisation*
Wenn Pädagog:innen einen Einfall eines Schülers oder einer Schülerin, auch theologisch begründet, als *kairos* (Mk 1,15) wahrnehmen (»Sieht aus wie der Todesstern!«), können sie – tatsächlich im Unterricht – »*Heureka*« rufen (als Kurzform des Sideline Coaching-Kommandos: »Stopp-Abbiegung!«), wie Archimedes, als er nackt durch Syrakus rannte und noch niemand sagen konnte, was sich daraus für die Physik und die Welt entwickeln würde. *Heureka* markiert den Beginn einer spezifischen Improvisationsphase, die nicht eine Suchbewegung startet, sondern einen Einfall gemeinsam weiter verfolgt und entfaltet.

Damit auch scheinbar abwegige Ideen geäußert werden können und die Schüler:innen sich trauen, ihre Sicherheitszone zu verlassen, empfiehlt Keith Sawyer (2004) die Methode der *disciplined improvisation* (13). Darunter versteht er eine klar strukturierte Abfolge von Phasen des konkret lernzielorientierten, geplanten Unterrichts und der Improvisation. Der Beginn einer Improvisationsphase wird durch Rituale (etwa *Heureka*-Rufe anlässlich eines Einfalls) markiert, die den Schüler:innen Sicherheit verschaffen. In Planungsleerstellen beziehen Lehrende die Vorstellungen und das Wissen der Schüler:innen ein und machen diese zu Kooperationspartner:innen des Lehrens und Lernens.

Beim improvisierten Unterrichtsgespräch beispielsweise, wie Sawyer (2004, 14) es konzipiert hat, diskutieren Schüler:innen verschiedene Ansätze für die Lösung eines Problems. Die Aufgabe der Lehrenden besteht lediglich darin, die Vorschläge zu bündeln und eventuell zu spiegeln. Sie können nicht wissen, welche Strategien die Schüler:innen verwenden und aus welchen Wissensbereichen sie schöpfen werden. Daher müssen sie deutlich mehr über das Feld des Problems wissen, als wenn sie die Schüler:innen auf einen vorgegebenen Lösungsweg führten. So geben Pädagog:innen Zwischenstationen vor, aber das eigentliche Unterrichtsgeschehen wird durch Einfälle umgesteuert und findet auf den verschlungenen Wegen und Abbiegungen statt, auf welche die Schüler:innen dabei gelangen.

Ist die ganze Klasse das Ensemble, müssen Lehrende und Schüler:innen in so einer Meta-Methodik der Improvisation geschult werden. Unstrukturierte Zeiten und Räume fördern Lernen, Momente der Erkenntnis werden als unerwartet auftauchend neu handhabbar und wahrnehmbar (vgl. Hoffelner 2023, Lobman/Lundquist 2007).

Impro-Lehrenden-Rollen

Wirksam improvisierende Pädagog:innen wechseln ständig ihre Rolle: Sie unterstützen, beraten, beobachten, entscheiden – je nachdem, wie es die Situation erfordert. Mal agieren sie als Souffleur oder Souffleuse, mal als Side-Coaches, dann wieder übernehmen sie die Funktion des Publikums. Generell treten sie weniger als Akteur:innen in Erscheinung, sondern ermöglichen und stabilisieren in erster Linie die kollaborative Interaktion der Schüler:innen. Lehrende treten nicht als die Weisen, die über alles Auskunft geben, auf, sondern setzen ihre Sichtweise und Identität ebenso vorläufig ein wie die von allen anderen (vgl. Logan 1998).

Pädagogische Statussensibilität

Lynn M. Thomson (2003) betont, dass Improvisation und Kollaboration als pädagogische Ziele Statussensibilität brauchen: Wenn Lehrende in Improvisationsphasen ihre Machtposition verlassen, übernimmt ein

Gruppengenius und Unvorhersehbares erscheint. Improvisierende Pädagog:innen sind somit gerade keine Autor:innen des Unterrichtsgeschehens. Sie verzichten auf *playwriting* (→ S. 123), also das Vorausdenken und -planen sowie Lenken des Unterrichtsgesprächs in eine Richtung, bis die Liste zu vermittelnder Einsichten abgearbeitet ist.

Impro als Reformimpuls

Improvisatorische Pädagogik fordert die Reform von Schule, so Sawyer (2004): Bei geskripteten Ansätzen mit klaren Anweisungen und Schritten ist das Unterrichtsgeschehen auf die Ansprüche der Lehrenden ausgerichtet, die wie Sachbearbeiter:innen agieren und den Unterricht nach den schulpolitischen Standards messbar machen. Das entfernt von der Kreativität, die Sawyer zufolge Führungskräfte auszeichnet. Kreatives und nicht weiter geskriptetes Lehren fördert Autonomie, Kooperation, schwerer quantifizierbar, aber kompetenzorientierter mit Vertiefung in kreativen und sozialen Fähigkeiten.

Unscripted Learning

Den direktesten Einstieg in die improvisatorische Pädagogik bietet der Ansatz des *unscripted learning* (Lobman/Lundquist 2007). Er führt in das, was der russische Psychologe Lew Wigotsky »Zonen der nächsten Entwicklung« (ZNEs) genannt hat (Lobman/Lundquist 2007, 6 f.). In solchen Zonen lernen Kinder und Jugendliche – mit einem Unterstützungsnetzwerk – selbständig. ZNEs sind für Lobman und Lundquist (2007) Umgebungen und Netzwerke der Improvisation, aus denen sie – theatraler als Sawyer das als Dynamik des gesamten Unterrichts vorschlägt – szenische Methoden und Gruppenübungen entwickeln.

Impro-Zonen im Unterricht

Je mehr Impro-ZNE-Elemente der Unterricht enthält, desto wirksamer ist er. Den ganzen Klassenraum dafür als Bühne, die Anwesenden als Akteur:innen zu sehen und Freiräume zu eröffnen, ermöglicht eine kreative, problem- oder kontingenzorientierte Arbeit. Dabei müssen die Schüler:innen allerdings die Freiheit haben, die eigene Nähe und Distanz zum Impro-Geschehen selbst zu wahren. Wer nicht nach vorne kommen will, kann sich als aktive:r Beobachter:in, Zeitgeber:in oder Ähnliches einbringen. Beim gemeinsamen Improvisieren können Lehrende Kinder mit unterschiedlichen Befähigungsleveln beteiligen. Wer sonst ausgeschlossen oder eingegrenzt ist, sollte im offenen Unterrichtsgeschehen eine mit hohem Status verbundene Rolle zugewiesen bekommen, etwa die des/der Regisseur:in oder Lehrenden. Was sonst als Störung erscheint, kann mit Übungen wie dem »Tönen« (→ S. 117) positiv gewendet werden.

Lobman und Lundquists (2007) Basisregeln für *unscripted learning* stellen Unterricht neu auf: Schüler:innen reagieren auf Angebote (→ S. 32) beziehungsweise Schenkungen (→ S. 45); es gibt keine Negation, kein »Das ist falsch!« – entscheidend ist, ob etwas funktioniert. Unterricht entspinnt sich nach dem Prinzip des »Ja-und«. Das bestehende und erprobte Wissen und Können der jungen Menschen ist das Material, aus dem sich Zonen des Improvisierens gestalten.

4.4 Impro-Seelsorge

Therapeut:innen lernen improvisieren

Mittlerweile werden die Techniken des Improtheaters im therapeutischen Kontext auf vielfältige Weise angewendet. Die Berliner Impro-Gruppe »Gorillas« beispielsweise organisiert Tagungen und Schulungen für Therapeut:innen. Die dabei vermittelten und eingesetzten Impro-Methoden sollen helfen, positive Kommunikation zu trainieren, Assoziationsfähigkeit zu fördern, flexibel zu reagieren, körperliche (Status-)Haltungen kennenzulernen und die eigene Präsenz wahrzunehmen.

Modell: Ninja-Seelsorgende

Asael Romanelli und Roman Berger (2018) haben als Impro-Habitus für Seelsorgende das Modell der »Ninja-Therapeut:innen« entwickelt. Sie wählen das Bild aus dem mittelalterlichen Japan, weil Ninjas unsichtbar und schattenhaft sowie flexibel in der Wahl der Mittel sind, mit denen sie ein Ziel erreichen wollen. Ninjas sehen die Situation so, wie sie ist; Gegebenheiten, die sich einer geplanten Lösung nicht fügen wollen, blenden sie nicht aus, sondern passen ihre Methoden entsprechend an.

Mit der Ninja-Rolle erweitern Romanelli und Berger das Playback-Theater. Dort treten Menschen auf die Bühne, teilen eine Geschichte aus dem eigenen Leben, die andere dann nachspielen. Hinzu kommen Ninja-Akteur:innen, die keine Rolle aus der Lebensgeschichte zugewiesen bekommen haben und (als Zwischen-Agierende) ständig ihre Rolle wechseln und anpassen, leise und unauffällig Brücken und Bezüge zwischen Lebenserfahrungen und -fragmenten herstellen.

Seelsorge als Playback-Theater

Seelsorge ist wie improvisiertes Playback-Theater. Auch (Ninja-)Seelsorgende müssen die eigene Rolle und Methode flexibel ändern und dies dem Gegenüber zu erkennen geben, damit die Rollen der Interaktion transparent bleiben (z. B. bei Now-Momenten → S. 127). Ziel des Ninja-Ansatzes ist es, ein gemeinsames Drittes, als Moment und auch als Rolle, zu kreieren. Romanelli/Berger (2018, 28) sprechen von *Thirdness,* einem Schwellen- oder Spielbereich, in dem es möglich ist, die Sichtweise des anderen einzunehmen, die Differenzen und Grenzen auszutesten ohne die Verbindung zu verlieren.

»Ja-und« als Grundakt der Seelsorge

Im Playback-Theater wie in der Gesprächsführung und in der seelsorgerlichen Interaktion bestimmt die improvisatorische Grundform des »Ja-und« die Dynamik der Bewegung. »Ja-und« ist verankert in der reformatorischen Erkenntnis des unbedingten Angenommenseins durch Gott. Gott sagt zu uns »Ja-und«, damit wir weitermachen und sich »gute Früchte« ergeben. Informationen, Gesten, Dinge, Bewegungen, Impulse als Angebot zum Weiterspinnen und Weiterentwickeln eines gemeinsamen (Krankheits-)Narrativs oder einer gemeinsamen Szene wahrzunehmen und anzuwenden, eröffnet eine neue, bisher wenig reflektierte, wenn auch immer schon intensiv erprobte Dimension der Poimenik. Das, was da ist und angeboten wird, zu sammeln, zu würdigen und zu transzendieren, es zu nutzen, um in eine Beziehung mit Gott zu treten, aus dem Akzeptieren in den kreativen Umgang mit Leid zu kommen, scheint die Grundaufgabe der Seelsorge treffend zu beschreiben.

Seelsorgegespräche lassen sich als Improvisationsspiel neu und besser beschreiben. Johnstones Akzeptieren (1987) (→ S. 32) bedeutet in der Seelsorge, die Realität des anderen anzunehmen und zu bestätigen. Umgekehrt verweigern Seelsorgende, die ein solches Angebot blockieren (»So sollten Sie das nicht sehen!«), sich der Realität des Gegenübers – und damit dem Angebot, sich mit auf den Weg zu machen. Das äußert sich in der Verlangsamung beziehungsweise der Verschiebung der Kommunikation durch Rückfragen, im Vermeiden des Angebotes (»Jetzt nicht!«) oder dem Verlangsamen der Interaktion.

Seelsorgerliches Playwriting

Im Gespräch treten viele Seelsorgende als *playwriter* auf. Sie strukturieren bereits während des Zuhörens mental Angebote, Rückfragen, Reaktionen und Ideen. Improvisatorisch gesehen, ist es nicht sinnvoll, so weit voraus zu planen. Stattdessen sollten Seelsorgende stärker reflektieren, wie sie die Geschwindigkeit des Gesprächs bestimmen, ob sie eher initiieren oder reagieren – und sich als Impro-Partner:innen begreifen, die sich an die situativen Bedürfnisse ihres Gegenübers anpassen.

Horizontale und vertikale Angebote

Seelsorgende können »horizontale« oder »vertikale« Angebote machen (Romanelli/Berger 2018, 28 f.). Horizontale Angebote intensivieren die bestehende Stimmung, verlängern eine szenische Einheit oder erweitern ein Thema. Vertikale Angebote verändern die Stimmung, den Rahmen oder das Thema, bringen Neues, Fragen oder Überraschungen ein. Vertikale Angebote entstehen aber auch unerwartet, etwa wenn sich plötzliche Dissonanzen, Themenwechsel (vielleicht aus einer Vermeidungsstrategie heraus), Schleifen, Sättigungen oder Wiederholungen ergeben.

Rhythmus nachvollziehen

Seelsorgende können ihre Aufmerksamkeit auf den Rhythmus einer Seelsorge-Interaktion statt nur auf den Inhalt richten. Wie bauen sich Routinen auf? Wie werden sie unterbrochen? Wie verhalten sich Neues und Altes, Wiederholung und Impuls zueinander? Wann sollte ich auf ein Angebot eingehen, wann ein Gegenangebot machen? Wie agiert oder reagiert das Gegenüber, schnell oder langsam? Und wie stelle ich mich darauf ein? Oft ist eine langsame und reaktive Gesprächsführung sinnvoll. Zu variieren und zu improvisieren kann aber Neues und unerwartete Energien freilegen.

Status in der Seelsorge

Seelsorgende müssen nicht nur den eigenen Status in der Interaktion mit eine:r Klient:in reflektieren, sondern auch in der Lage sein, Statuswechsel wahrzunehmen und anzubieten (→ S. 29). Meist etabliert sich eine Hierarchie, indem den Seelsorgenden – ähnlich wie Ärzt:innen oder Therapeut:innen – eine Respekt gebietende Stellung zugeschrieben wird.

Status hat in der Impro-Theorie eine durchaus integrale Funktion, solange er veränderlich bleibt. Auch niedriger Status kann manipulativ und kontrollierend eingesetzt werden. Autorität oder das, was die Lutherbibel »Vollmacht« nennt, sind wichtige Instrumente für die Seelsorge, sofern Kirchenvertreter:innen aus einer gelebten Tradition heraus agieren. Mitunter erwartet man von ihnen Sprechakte der Schuldvergebung, oder dass sie Normen der Kirche verkörpern. Der hohe Status der Seelsorgenden muss jedoch auch angefragt werden, nur dann dient er dem Vorteil des Gegenübers. Statuswechsel fördern Interaktion, schon mit nonverbalen Gesten wie dem Angebot, ein Glas Wasser zu holen. Der Status der Seelsorgenden sollte dem Gegenüber und der Situation angemessen sein.

Stages, Props und Körper der Seelsorge

Seelsorge-bühnen

Bei jeder Seelsorge-Interaktion gibt es eine Bühne, Rollen, Ansätze von Regeln und Anweisungen, aber kein Skript. Im seelsorgerlichen Gespräch in der privaten Sphäre der Klient:innen – verstanden als gemeinsames Improvisieren, also Bewältigen einer Situation mit dem, was da ist – ergeben sich je neue Interaktionsmöglichkeiten: Die Räume, in denen Seelsorgende empfangen werden, und die Dinge darin bestimmen die Atmosphäre und die Interaktion. Sie sind das Material für Improvisation. Dinge im Umfeld der Seelsorge haben einen Aufforderungscharakter (siehe »Physikalisierung und Objekte« → S. 36). Porträtbilder zeigen, wie Menschen wahrgenommen werden wollen und in welchen Kontexten und Netzwerken sie sich sehen. Mitbringsel machen die Erinnerung an Reisen oder Urlaube präsent. Die Bühne und die Gegenstände der Seelsorge einzubeziehen, zu thematisieren, allein nach einem Fotoalbum zu fragen, kann das Gespräch strukturieren. Insbesondere jedoch in Situationen, in denen Klient:innen in einer (halb-)öffentlichen Umgebung wie dem Krankenhaus (nur) durch ihre persönlichen Gegenstände einen privaten Raum definieren können, ist jedes Detail aufschlussreich, bewusst gewählt oder Spur der eigenen Raumkonfiguration, Material und Thema des Gesprächs – und sei es nur der Joghurtdeckel, mit dem ein Kunststofftablett zum Tablett von Frau Giesecke wird, von dem sie (was noch?) gegessen hat.

Seelsorge-dinge

Pastoral Shelving

Seelsorger:innen praktizieren, was Johnstone (1987) *shelving* nennt (→ Kap 2.1). Sie halten fest, was geschehen ist und gesagt wurde, finden heraus, was die Überschrift der gemeinsamen Zeit, was der sogenannte seelsorgerliche Auftrag ist, worum es hier gerade geht, wer mitspielt, lebendig oder tot, was wirksam und was wichtig ist.

Aus improvisatorischer Sicht ergibt sich die Frage, inwiefern Seelsorgende für die Strukturierung eines Gesprächs oder einer Interaktion verantwortlich sind. Im Idealfall sind es die Klient:innen – unterstützt durch *shelving* und die Seelsorgenden als Gerüstbauer:innen –, die das leisten. Klient:innen können aber auch die Erwartungshaltung haben, dass der Verlauf in der Hand der Seelsorgenden liegt.

Seelsorge-skripte

Hohen Stellenwert hat daher alles, was Menschen an vorbereitetem (Text-)Material in ein Seelsorgegespräch einbringen. Wenn Angehörige mir bei einem Beerdigungsgespräch fertige Lebensläufe, Bilder oder Texte über die Verstorbenen vorlegten, habe ich das mitunter als störend empfunden, mich gar ein wenig in meiner Berufsehre gekränkt gefühlt –

eigentlich ist die Deutung meine Aufgabe, dachte ich, dass ich hier die Texte mache. Aber die Autorschaft für das Skript der Seelsorge aufzugeben und eine Vielfalt von Skripten im weitesten Sinne zuzulassen, lässt den Klient:innen mehr Raum zur Selbstdeutung.

Integration und Fragmentarität

Die wesentlichen Bestandteile von Seelsorge sind Fragmente menschlichen Lebens, ist menschliche Fragmentarität (Luther 1991). Sie erfordert den Umgang mit abgebrochenen Lebenserfahrungen. Die zeitweise Integration von Fragmenten improvisatorisch zu unternehmen, macht Seelsorgeinteraktion zum gemeinsamen Puzzlespiel, zur Arbeit an Verletzlichkeit.

Für Andrea Bieler (2017) ist die Situativität von Verletzlichkeit das Grundphänomen der Seelsorge. Körperlich-seelische Verletzungen zwingen zu einem improvisatorischen Umgang mit der Mehrdeutigkeit der eigenen Identität, mit der Unabgeschlossenheit und Instabilität des eigenen Körpers. Die Kreativität einer improvisatorischen Seelsorge kann helfen, Fragmente ins Licht des Evangeliums zu bringen, um Ahnungen eines Ganzen sowie von Selbstermächtigung zu ermöglichen.

Modell: Improvisieren mit Krankheitsnarrativen

Andrea Bieler (2017) entwickelt eine Typologie von Krankheitsnarrativen, die eigene Strukturen haben: So geht es in der Krankheit häufig um Wiederherstellung, das Bewältigen von Chaos oder um eine Reise. Klar abgrenzen lassen sich diese Genres nicht, und sie sind auch nicht immer abgeschlossen oder abschließbar; sie befinden sich »im Fluss« (199 f.). Seelsorgende müssen mit diesen Genres improvisieren und mit Genre-Wechseln rechnen (vgl. die Übung Genre-Radio → S. 118), die Brüche und Risse in Narrativen bewältigen und ordnen helfen. Chaos-Narrative laden besonders ein, sie improvisatorisch zu bearbeiten, um überhaupt eine Sequenz, eine Entwicklung zu ermöglichen, und das nicht nur verbal, sondern auch körperlich, gestisch und rituell.

In Krankheitsnarrativen sind wiederum jeweils mehrere Themenkomplexe miteinander verknüpft: Kontrollverlust, Leiberfahrung, empathischer Bezug auf andere Menschen, auf die Zukunft gerichtete Pläne und Wünsche, die unerfüllbar bleiben, der Wunsch nach sinnvoller Deutung des eigenen Lebens, der Erfüllung durch ein Mehr. Improvisatorisch-seelsorgend geht es darum, anhand der Genres und Themen Kontingenzwahrnehmung zu vertiefen und zu bearbeiten – nicht um Problemlösung, sondern um das Anerkennen und Aushalten von Abhängigkeit.

Seelsorgerlich Improvisierende geben keine (fertigen) Antworten. Sie halten eine Spannung aus, in der Möglichkeiten erscheinen, festgehalten oder verbaut werden können - zwischen Situation und Ablauf, im Vertrauen auf die Wirksamkeit von Transzendenz, im kreativen Umgang mit Leid.

Szenen aushalten

Now-Momente auf den Türschwellen

Auf dem Weg nach draußen reden

Nach einer Spielerunde mit Inhaftierten im Haus Fünf der Justizvollzugsanstalt Berlin-Tegel, beim Rausgehen, neben der Kaffeemaschine, fängt Dieter plötzlich an, von seinen Alpträumen zu erzählen, und kommt in einen langen Redeschwall. Der Wärter, der gekommen ist, um ihn abzuholen, zieht schon an der Kette, mit der der Schlüssel an seiner Hose festgemacht ist. Ich vertröste Dieter auf das nächste Mal. Aber in der kommenden Woche weicht er mir aus. Bei der darauf folgenden Spielerunde ist er nicht mehr da.

Am Ende eines Gesprächs, wenn die vorher gewahrten sozialen Schutz- und Kontrollmechanismen des Anstands und des Gesichtswahrens ihre Wirksamkeit verlieren, brechen Leid und Sorgen häufig schwallartig, kondensiert und unkontrolliert hervor, und zwar gerade außerhalb des formalisierten und definierten Seelsorgekontexts. Für Seelsorgende sind Schwellenmomente, buchstäblich auf Türschwellen, ein Problem. Sie sind informell, ohne klaren Seelsorgeauftrag und Struktur, wenn eigentlich keine Zeit mehr bleibt (wie bei Dieter).

Philip Ringstrom (2008) erhebt die spontane Interaktionen zwischen Klient:innen und klinischen Therapeut:innen vom Zufall zur Methode. Therapeut:innen und Seelsorgende können das Unerwartete als Anlass weiterentwickeln. Now-Momente machen das im formellen Gespräch Unbewusste und Beschützte zum Material, werden zu einer Herausforderung und schaffen einen Erprobungsraum, den Gary Izzo (1997) *témenos* nennt (→ S. 42). Das Rollenverständnis und die Verhältnisbestimmung zwischen den Interagierenden stehen dabei auf dem Spiel. Solche Now-Momente von unvermittelter, geteilter Emotion können eine intensive Begegnung herbeiführen. Sie nähern sich einer »natürlichen« oder »authentischen«, jedenfalls informellen persönlichen Interaktion.

Now-Momente durchbrechen das Rollengefüge. Sie provozieren die Beteiligten dazu, Wagnisse einzugehen – bewältigt aber verstärken sie das Vertrauen. Wenn ich mich als Seelsorger mit der spontanen Frage »Warum schauen Sie eigentlich immer so ernst?« (Ringstrom 2008, 81) konfrontiert sehe, kann ich das als Einladung verstehen, aus meiner fes-

In die Szene mitgehen

ten Rolle herauszutreten und zu spielen. Ich kann das Angebot blockieren (»Was macht das mit Ihnen, dass Sie so ein ernstes Gesicht vor sich haben?«) oder annehmen (»Ja, ich frage mich, warum mein Gesicht so aussieht, darüber habe ich noch nie nachgedacht!«) und in die Szene einsteigen. Wenn ich selbst wie ein:e Ninja-Seelsorger:in in die Szene gehe und sie neugierig erkunde, ergibt sich eine neue Intersubjektivität: eine Meta-Szene mit der Frage, was hier gerade passiert und wie man sich gegenseitig wahrnehmen kann. Now-Momente sind Momente der Wahrheit, in denen Menschen testen: Kann ich auf dich bauen?

Nonverbale Seelsorge

Bewegungstypen wahrnehmen

Grundsätzlich als ganzkörperlich, szenisch und im Ablauf offen, also improvisiert verstanden, fordert das klassische Seelsorgegespräch wie andere seelsorgerliche Interaktionen (z. B. Krankensalbung) die komplexe Wahrnehmung der körperlichen Gegenwart des Gegenübers. Methoden wie die Körperbeschreibung nach Rudolf von Laban (1926) verwenden Fußposition, Erdung, Atem, Bewegung als Material zum gemeinsamen Experiment, zur Veränderung, zur Verbalisierung, Ritualisierung oder Spiegelung. Nonverbale Seelsorge beginnt mit geschulter Körperwahrnehmung.

Übung: Fast-Food-Laban für Seelsorgende

Johnstone (1999, 283 f.) empfiehlt diese Übung, um Bewegungstypen zu trainieren. Nach Rudolf von Laban (1926) gibt es acht Grundbewegungen, die sich aus den möglichen Kombinationen der Bewegungstypen plötzlich/fortwährend, leicht/schwer, direkt/indirekt ergeben:

- *Punching* (schlagend): plötzlich/schwer/direkt
- *Slashing* (schneidend): plötzlich/schwer/indirekt
- *Dabbing* (antippend): plötzlich/leicht/direkt
- *Flitting* (huschend): plötzlich/leicht/indirekt
- *Pushing* (drückend): fortwährend/schwer/direkt
- *Wringing* (wringend): fortwährend/schwer/indirekt
- *Smoothing* (gleitend): fortwährend/leicht/direkt
- *Stroking* (streichelnd): fortwährend/leicht/indirekt

Improvisierenden wird eine Grundbewegung zugeordnet. Sie spielen mit ihr, ganz auf sie fokussiert, eine typische Seelsorgesituation. Die Grundbewegung muss sich aus der Szene entwickeln, verwirklichen, ausdrücken. So lernen Seelsorgende, sie live zu analysieren.

Phänomene wie Demenz und Alzheimer oder die Seelsorge im Kontext kognitiver oder neurologischer Einschränkungen fordern improvisatorische Interaktionsformen jenseits des Gesprächs. Körpersprachliche Interaktionen, Trost ohne Worte, aber mit Dingen und Körpern, Licht und Atmosphäre zu spenden, dabei mit unvorhersehbarer und wechselhafter Konzentration und Interaktionsfähigkeit des Gegenübers rechnen zu müssen, bereitet Seelsorgende vor, situativ-kreativ das Evangelium spür- und erlebbar zu machen.

Ohne Worte

Modell: Mit dem Atem improvisieren – Atemklänge als Seelsorge

Olaf Krämer (2011) beschreibt eine Atem-Improvisation als seelsorgerlichen Akt. Nach zehn Minuten musiktherapeutischer Vorbereitung und Einstimmung fokussiert sich die Seelsorgeperson auf »die Individualität des Atmens, etwa einer Koma-Patientin, auf Tempo, Rhythmus, Dynamik, und Ausdruck (flach, flüchtig, ängstlich, kräftig, ruhig, gelassen, hastig usw.)« Der Rhythmus wird aufgenommen, indem die Seelsorgenden »mit-atmen« und dann »improvisierend mitsummen« (350.). Weitere von der Patientin vorgebrachte Töne können aufgegriffen und in das Klanggewebe eingebunden werden. Die möglicherweise rein reflexartigen Bewegungen von Augenlidern oder Fingern oder Atemveränderungen können als Interaktionsangebote die gemeinsame Improvisation verändern, steigern, verlangsamen. Ein *Pneuma* interagiert mit dem anderen. Angehörige können, wenn sie audiotechnische Aufnahmen eines Individual-Atemschemas mitnehmen, in anderen Situationen weiter improvisieren und dies etwa auch als Grundlage für das Herzensgebet verwenden.

Improvisiertes Atem-Klanggewebe

Die Improvisation mit Atem als religiösem und biblischem Lebensquell (Gen 1,2; 2,7) verbindet Menschen und ermöglicht nonverbale und leibliche Interaktion und Kommunikation. Krämer (2011) nennt das »Atemgemeinschaft« (352). Der Individual-Atem bringt das Befinden eines Menschen zum Ausdruck – flacher, schneller, unregelmäßiger oder tiefer, ruhiger und anhaltender Atem lassen Rückschlüsse darauf zu, wie es dem Körpergeistwesen Mensch geht, nicht nur Komapatient:innen. Atem lässt sich in Musik übertragen; wo Worte oder Sequenzmelodien keine Rolle mehr spielen können, lässt sich Stimme wahrnehmen, aufzeichnen und mit Neuem verbinden.

Atemgemeinschaft

Improvisatorische Seelsorge bedarf eines Sich-Einlassens auf die Gefühle und Gedanken der anderen Person. Darin ähnelt sie Gebetsübungen nach Ignatius von Loyola oder der szenischen Nachstellung beim Playback-Theater: Ich bewege mich im Szenenbild eines Lebens und mir wird eine Rolle zugewiesen (→ S. 19).

Die Interpretation der Szene oder des Gesprächs leistet das Gegenüber. Das Ziel ist weniger, Informationen aufzunehmen und zu verarbeiten, sondern das Ankommen in einem gemeinsamen Spiel, im Erkennen, worum es gerade geht: klagen, erinnern, suchen, fragen, würdigen etc.

Geistlicher Einfall

Im Unterschied zur Therapie kann die Seelsorge auch auf die Möglichkeit des geistlichen Einfalls oder Impulses zählen. Das Teilen spiritueller Erfahrungen oder spirituellen Lebens ist ein Angebot, die gemeinsam improvisierte Szene aus der Regie des anderen im Lichte Gottes zu überschreiten, Hoffnung aufflackern zu sehen oder Getragensein einzuweben.

4.5 Impro-Leiten

Praktiker:innen leiten auf allen Ebenen spirituell, ziehen Kraft aus ihrer Arbeitsbeziehung zu Gott und vertrauen auf einen Arbeitsanteil, den sie nicht leisten müssen. In Gremien oder in der Verwaltung spirituell zu leiten, schafft keinen vermarktbaren Mehrwert, sondern erfordert eine andere Rahmung als beispielsweise in einer Behörde, nämlich das Bewusstsein der Mitarbeit am Reich Gottes. Die große Rahmung kirchlicher Arbeit (als z. B. nicht wirtschaftlich, sondern diakonisch, seelsorgerlich, bibelorientiert, verkündigend) beginnt ganz konkret im Rahmen von Sitzungen, dem Basisformat ihrer Organisation. Improvisation kann helfen, das Format des geistlichen Impulses in der Gremienarbeit zu öffnen. Naheliegend für jede Sitzung ist, mit einer Teambuilding-Improvisationsübung zu beginnen.

Teambuilding-Improvisationen

Übung: Beitragskreis

Die Improvisierenden stehen im Kreis und bilden gemeinsam einen Satz: Eine:r beginnt mit einem Wort, und der/die jeweils Nächste fügt ein weiteres hinzu. Wie der Satz fortgeführt wird (bzw. ob die Möglichkeit genutzt wird, einen Punkt zu setzen), entscheidet die Person, die gerade dran ist. Sobald die Satzbildungskette endet, stoppt die Übung, und es wird reflektiert.

Die Teilnehmenden lernen, dass sie ihre Ideen und Erwartungen mit den anderen abstimmen müssen, und arbeiten als Ensemble. Die individuellen Geschwindigkeiten und Reibungen des Gremiums werden sichtbar. Wer gibt mehr Impulse? Wessen Intention wird übergangen? Das Ergebnis einer Wortkette kann keine:r alleine entscheiden. Worte wie »und« oder »die« sind so wichtig wie Hauptwörter. Jeder Beitrag ist essenziell.

Modell: Improvisierter geistlicher Impuls

Geistliche Impulse wie Kurzandachten vor Gremiensitzungen erinnern an die Rahmung kirchlicher Arbeit als »gottesreichlich«. Im Alltag ist das unter Zeitdruck oftmals eine Pflichtübung, die mit ernster Miene als Respektbezeugung absolviert wird, mit dem nagenden Hintergedanken »Sitzungszeit ist Lebenszeit«. Häufiger als notwendig übernehmen das Hauptamtliche, weil sie als Expert:innen für »das Spirituelle« gelten. Mit Impro-Regeln und anders vorbereitet kann jedoch im freien Sprechen jede:r mehr Spiritualität in der Gremienarbeit erfahrbar machen.

Spirituelle Überschrift – Framing: Improvisierte geistliche Impulse können sich an der Rhetorik von Grußworten (bspw. für Festakte) orientieren: Grußworte suchen eine spirituelle Überschrift für eine Tagesordnung, im Idealfall in Verbindung mit einem Schriftwort. Aus Bibel und Thema ergibt sich neben der Erinnerung, dass die Bibel die Grundlage für das Handeln ist – Hoffnung. Eine Möglichkeit, eine spirituelle Überschrift situativ-improvisatorisch zu generieren, besteht darin, die Tageslosung zu verlesen und gemeinsam die Verbindung zum Thema zu besprechen, als Blitzlicht-Runde, ohne ins Gerede zu kommen (Sitzungszeit ist Lebenszeit).

Status wechseln: Der Wechsel des Status im Gremium gegenüber dem Status in der alltäglichen Arbeitssituation oder Qualifikation entfaltet die größte Wirkung, wenn diejenigen bewegt werden, den Impuls zu geben, bei denen man gar nicht so genau weiß, mit welcher Motivation sie eigentlich in dem Gremium sind und welcher Geist sie dazu bringt.

Was ist das Skript?: Ist das Skript zum Improvisieren die Tagesordnung, sind es die Menschen oder ist es ein Thema?

Ensemble wahrnehmen: Anders als Grußworte richten sich improvisierte spirituelle Impulse nicht an wenige wichtige Personen mit langen Titeln, die explizit angesprochen werden, sondern an alle, die da sind, und versuchen, sie sowohl individuell als auch als Gruppe einzubinden.

Attunement/Einschwingen: Die Impulsgebenden können vor der Sitzung die ersten im Raum sein und versuchen, schon bei den Begrüßungen eine Atmosphäre zu setzen und/oder die Stimmung im Raum in den Akten des Ankommens und Small Talks wahrnehmen. Zugleich braucht es die Vergewisserung der eigenen spirituellen Befindlichkeit im Verhältnis zum wahrgenommenen Geist, der im Gruppenraum gerade weht, und ein Gefühl dafür, welcher Geist Gottes im Sitzungsraum wartet, angesprochen zu werden.

Was ist das Material? Situativ entscheiden Impulsgebende, was hier und jetzt abseits vom Skript gebraucht wird. Sie können nach der Zuruf-Methode Material von den Anwesenden einfordern. Spreche ich heute über meine Glaubens- und Arbeitserfahrung und wie sie zusammenhängen? Braucht es eine Anregung, einen Energieschub? Schwelt ein Konflikt im Raum, der eine meditative Vorbereitung und Vergewisserung erfordert? Oder ist ein Lied oder ein Gebet sinnvoll, gemeinsam gesprochen als erster Akt der Vergemeinschaftung?

Spirituell entscheiden: Entscheidungsprozesse in kirchlichen Gremien sind so komplex, emotional und unvorhersehbar, dass Leitende hier notwendigerweise schon längst zu Improvisationskünstler:innen geworden sind. Entscheidungen als Teil des spirituellen Impulses zu benennen und gottesreichlich zu rahmen, ihn mit Gottes Geist zu verbinden, eröffnet die Möglichkeit, bei der späteren Abstimmung/Entscheidung noch einmal die spirituelle Dimension und deren Veränderung im Vergleich zum Anfangsimpuls abzufragen. Eine Impro-Methode nach der Diskussion und vor der Abstimmung kann den Teilnehmenden helfen, auf die eigene Emotionalität zu achten und die eigene Entscheidungsfähigkeit zu befragen.

Fehler feiern

Dass es »bei Kirche doch anders« zugehen sollte, in Personalkonflikten oder bei Ausschreibungen, dass Arbeit hier generell anders bewertet wird, kann Improvisation im Umgang mit Fehlern und Brüchen einlösen – sie als Anlass neu rahmen. Wenn auch abwegige Beiträge nach dem Prinzip des »Ja-und« als Geschenk gesehen und nicht ignoriert, sondern mit Dankbarkeit angenommen werden, riskieren Beteiligte mehr und haben weniger Angst davor, Fehler zu machen.

Übung: Die Fehler-Verbeugung
Jede:r aus der Gruppe ist eingeladen, nach vorne zu treten und ein Alltagsmissgeschick zu erzählen – vom Falschparken über selbstgemachte Frisuren ist alles erlaubt –, und die Gruppe feiert den Fehler mit einem übertriebenen Applaus und Jubel.

Übung: Gruppenzählen
Im Kreis stehend ruft jede:r ungeordnet eine Zahl, die höher sein muss als die letzte. Bei Überschneidungen ruft die Gruppe: »Yeah/Juchu! Wir haben versagt!«, und beginnt erneut.

Gruppenleitungsfehler

Von den Fehlern im Improvisieren zu unterscheiden sind Fehler im leitenden Side-Coaching (→ S. 41), also rahmenbezogene impro-spezifische Fehler, die es in der Leitung zu vermeiden gilt, und die den improvisatorischen Fluss bremsen:
- Nicht alle sind ausreichend informiert;
- Gefühle werden nicht gezeigt und/oder weggeredet;
- Ignorieren von Impulsen;
- Geschwätzigkeit statt Schweigen bzw. Pausen;
- Statuskampf;
- fehlender/unklarer Fokus;
- Informationen oder Umstände tauchen aus dem Nichts auf oder verschwinden plötzlich;
- Teilnehmende werden »an die Wand« geredet;
- jeder spielt für sich, es stellt sich keine Ensemble-/Gruppenleistung ein;
- zu viele Ideen in einer Sitzung;
- Gegensätze und Kontraste werden vermieden;
- man schaut die anderen Teilnehmenden nicht an und kann daher schlecht feststellen, wann diese etwas sagen wollen oder sich deren Status verändert – dadurch kann es passieren, dass jede:r für sich agiert.

5 Goldene Regeln

1. Ja-und …! (→ S. 32)
2. Sei nicht originell! Es gibt nichts Neues unter dem Himmel! (→ S. 31)
3. Verstehe deinen Status und wechsle ihn bewusst! (→ S. 30)
4. Kirchliche Arbeit, Kirche selbst, ist *shelving.* (→ S. 33)
5. Unterbrich die (institutionelle) Routine und spiele! (→ S. 34)
6. Behalte die Handlung im Fokus und auf der Bühne, lenk nicht ab, bring die sich selbst entwickelnde Geschichte nicht zum Verschwinden! (→ S. 40)
7. Baue mit anderen eine sichere Zone *(témenos),* in der du der Angst folgen, dich ihr aussetzen und dich verletzlich machen kannst. Das schärft die Sinne, gibt unerwartet Kraft und lässt dich Neues entdecken! (→ S. 42)
8. Nimm detailreich und ganzkörperlich wahr und höre zu! Verschwinde aus deinem Kopf, sonst verpasst du etwas! (Kein *playwriting!*) (→ S. 123)
9. Es gibt keine Fehler, nur Gelegenheiten! (→ S. 50, 132)
10. Du bist Teil von Ko-Kreation und *creatio continua:* Nicht du bist der/die Autor:in, sondern Gott und das Gemeinde-Ensemble! (→ S. 15)

Besondere Fälle 6

6.1 Impro-Ritualisieren live

Als Ritualisierung verstehe ich mit der Ritualtheoretikerin Catherine Bell (1992) ein (von Alltagshandeln unterschiedenes) strategisches Handeln mit dem »Ziel einer sozialen Wirkung und einer Auseinandersetzung zwischen einem sozialisierten Körper und der Umgebung, die er strukturiert« (7 f.). Ritualisierung kann die Wirklichkeit und das soziale Geflecht bearbeiten und verändern, spielähnliche, liminale Zeiten und Räume schaffen, in denen Normen und Grenzen verflüssigt werden (→ Kapitel 2.5).

Mit den Traditionsabbrüchen in der kirchlichen Landschaft nehmen Praktiker:innen die Veränderlichkeit von Ritualen stärker wahr. Ritualisierung, verstanden als heuristisches und prozesshaftes Handeln, das sich über längere Zeit in fixierte und verschriftete Rituale verfestigt (Bell 1992), wird zum Normalzustand, wichtiger als die Bewahrung des traditionellen, möglichst unveränderten Rituals. Immer mehr muss hinzuerfunden und improvisiert werden.

Live, improvisatorisch und gemeinsam Rituale zu erfinden, erprobt, was Ritualisierung leisten kann. Praktiker:innen lernen durch solche Experimente, kreativ mit den Dingen umzugehen, die gerade da sind (mit einer DIY-Mentalität → S. 24). Sie versuchen spielerisch, die in Kirchen- und Gemeinderäumen angelegten Möglichkeiten, wie man Kirchendinge verwenden kann, zu erweitern, sie für Neues, Unerwartetes einzusetzen, vielleicht sogar zu zweckentfremden. So werden sie für sogenannte Affordanzen (vgl. Gibson 1979) in kirchlichen und gemeindlichen Räumen sensibilisiert – also für den jeweiligen Angebotscharakter von Gegenständen, der sofort ersichtlich ist, aber auch für überraschende Verwendungsmöglichkeiten, die nicht gleich ins Auge fallen. Legt jemand zum Beispiel ein Liedblatt über den Scheinwerfer, der den Altar beleuchtet, wird dieser zum Textprojektor – und Kirchenbänke können umgestellt zu Labyrinthen werden. Durch das Suchen und Prüfen von

Freiräumen verstehen Praktiker:innen genauer, wozu sie als Anleitende andere Teilnehmende auffordern können, was dabei zu beachten ist.

Ritualisierung sensibilisiert Praktiker:innen für die jeweilige *site specificity,* also die spezifischen Gegebenheiten eines Ortes – etwa einer Kirche, die so nach Osten ausgerichtet ist, dass sie die Besuchenden in eine im Tagesverlauf wechselnde Beziehung zum Licht setzt, oder eines Abstellraums, der ein Versteck sein kann. Die architektonisch in Kirchen- und Gemeinderäumen angelegten Regeln und vorgesehenen Praktiken »lesen« improvisierende Praktiker:innen »quer« oder »gegen den Strich«, entdecken neue oder vergessene Möglichkeiten (wie den ungenutzten Raum hinter dem Altar oder Seitenaltäre).

Ritualisierend schwingen sich Praktiker:innen in Räume und Dinganordnungen ein (*attunement* → S. 71 f.), entdecken sie kreativ und verfremdend neu. Aus diesem ritualisierenden Umgang mit Dingen ergeben sich hochkreative Assoziationen und Bisoziationen mit Geschichten, traditionellen Ritualen oder theologischen Inhalten.

Rituale erfinden

In der Vorbereitung eines Impro-Gottesdienstes der »Impros von Nazareth« in der Heilig-Kreuz-Kirche, Berlin-Kreuzberg, im Februar 2020 widmeten sich mehrere Pfarrer:innen der Aufgabe, den Raum und alle Dinge bewusst anders wahrzunehmen – und mit ihnen ein Ritual zu erfinden. Die anderen sollten ohne verbale Anleitung, durch Vor- und Nachmachen, in das Ritual gezogen werden.

Eine Kollegin schüttete wie beim Erdwurf Sand in einen Behälter für Gebetskerzen, und die anderen taten es ihr nach. Eine andere Kollegin setzte sich vor eine Lampe, zog diese vor ihr Gesicht und schaltete sie ein und aus; alle, die es ihr nachmachten, erlebten Blendung und Desorientierung (vgl. 1 Joh 2,11), begannen über den Zusammenhang von künstlicher und natürlicher Beleuchtung nachzudenken, über Sonnenbänke und das Licht, das Kirchenfenster erleuchtet. Ich legte drei Kollektenbeutel vor dem Eingang auf den Boden und lud ein, von einer mit einem Gesangbuch markierten Stelle aus mit Kleingeld auf sie zu werfen, bis man einen Beutel trifft, oder den rollenden Münzen hinterherzurennen beziehungsweise liegen gebliebene einzusammeln und es weiter zu versuchen, bis alles Geld im Beutel angekommen ist. Dazu assoziierte ich »Wenn das Geld im Kasten klingt …«, biblische Geschichten von der Witwe mit ihrem letzten Scherflein (Lk 21,1–4) und die Tempelreinigung.

Eines der ersten Experimente, das ich angeleitet habe, war für mich der Anlass, mich weiter mit Improvisation zu beschäftigen, um genauer zu verstehen, was sich dabei ereignet: Im Predigerseminar Wittenberg erprobten Vikar:innen der Evangelischen Kirche Berlin-Brandenburg-schlesische Oberlausitz und der Evangelischen Kirche in Mitteldeutschland 2017/18 Improvisation in einer selbstorganisierten Arbeitsgemeinschaft. Die prägendste Erfahrung für die Gruppe war ein gemeinsam improvisiertes Predigt-Ritual. Dabei wurden improvisatorische Ritualisierung und improvisiertes Predigen miteinander verschränkt. Prägend blieb für mich die unerwartete inhaltliche Korrespondenz und wechselseitige Vertiefung von Predigt und improvisiertem Ritual sowie die spirituelle Erfahrung, die die Teilnehmenden als eine im Experiment eng zusammengerückte Gemeinschaft gemacht haben.

Ich gebe im Folgenden die Planung des Workshops sowie eine Verlaufsbeschreibung wieder. Es handelt sich um ein Planspiel mit zwei Gruppen, eine für das »Impro-Ritual«, die andere für die »Impro-Predigt«.

Modul 1 für die Ritual-Gruppe: Partizipation, Spiel und Raum

Zeit: 25 Minuten

Sucht einen Raum!

Wofür ist der Raum da? Was kann man mit ihm alles machen? Wie könnte man mit ihm spielen, wie seine Dinge unabhängig von den mit ihnen verbundenen Zweckvorstellungen nutzen?

Wo ist Gott in dem Raum? Welcher Geist weht hier?

Gestaltet den Raum völlig frei und plant ein Gebet/ein Ritual/eine Andacht/einen Gottesdienst/eine Performance!

Das Event dauert 5–8 Minuten.

Jeder aus der Gruppe tut sichtbar etwas!

Die Improvisierenden aus der anderen Gruppe werden später dazukommen; überlegt, wie ihr sie - ohne Worte - dazu anleiten könnt, auch etwas zu machen.

Alle gehen zurück in den Arbeitsraum.

Site-specificity, Affordanz

Modul 2 für die Predigt-Gruppe: Partizipation, Improvisation und Predigt

Bestimmt einen (brutalen) Zeitwächter!

- Schritt 1 - Genre-Mix (3 Minuten):
  Schreibt auf je ein Blatt je ein Predigtgenre, das euch einfällt!
- Schritt 2 - der Text (3 Minuten):
  Einigt euch auf einen Bibeltext von maximal 3 Versen!

Interaktive Predigt

- Schritt 3 – das Gerüst (5 Minuten):
  Jede:r schreibt eine Überschrift/einen zentralen Gedanken für eine Kurzpredigt zum Text und zwei Stichpunkte!
- Schritt 4 – die Aufführung (10–12 Min):
  Jede:r zieht blind ein Genre-Blatt, stellt sich vor die anderen, liest seine/ihre Predigtüberschrift vor und beginnt für 2 Minuten in dem gelosten Genre frei zu predigen – die Zeit wird gestoppt. Spätestens nach 2 Minuten muss er/sie den anderen eine Frage stellen, eine Antwort abwarten und darauf mit einem Satz reagieren. Die anderen raten das Genre.
- Schritt 5 – Sicherung (3 Minuten):
  Jeder notiert sich die Frage, die er/sie zu der Predigtüberschrift gestellt hat. Alle gehen zurück in den Arbeitsraum.

Serendipität

Modul 3: Für beide Gruppen zugleich

Die Ritual-Gruppe führt die Predigt-Gruppe in den vorbereiteten Raum und leitet das Gebet/das Ritual/die Andacht/den Gottesdienst/die Performance an.

Die Predigt-Gruppe bringt ihre Aufzeichnungen (aus Modul 2) mit. Jede/r liest hintereinander seine/ihre Predigtüberschrift vor und stellt dann denen aus der Ritual-Gruppe seine/ihre Frage, bekommt eine Antwort und reagiert auf die Antwort. Dann tritt der/die Nächste auf, bis alle durch sind.

Nach einer kurzen Zeit der Stille geht es für alle zurück in den Arbeitsraum zur Auswertung.

Modul 4: Auswertung mit Erinnerungen

- Was ist passiert?
- Wie wurde zusammengearbeitet?
- Was macht Improvisation partizipatorisch?
- Wo kann man Dinge zur Wahl lassen?
- Welche Formen von Improvisation bringen nicht-ordinierte Menschen auf die Bühne? Was brauchen sie dafür?
- Auf welchen Gebieten kann Improvisation in der Gemeindearbeit Beteiligung fördern? Wie?
- Welche Risiken hat Improvisation in der Gemeindearbeit?

Verlauf

Wir waren acht Vikar:innen und ein Studienleiter. Die vier Vikar:innen der Ritual-Gruppe sollten unter Zeitdruck – nur aus dem, was in einem beliebigen Raum der Seminaretage der Schlosskirche zur Verfügung stand – ein Ritual improvisieren. Die Predigt-Gruppe (die anderen vier Vikar:innen und der Studienleiter) improvisierte zu Joh 21,4: »Als es aber schon Morgen war, stand Jesus am Ufer, aber die Jünger wussten nicht, dass es Jesus war.«

Die Ritual-Gruppe kam in den Arbeitsraum, wo sofort ein Vikar aus der Predigt-Gruppe eine Kurzpredigt improvisierte. Dann leitete die Ritual-Gruppe die Predigt-Gruppe zu einem Fahrstuhl im Seminarbereich der Wittenberger Schlosskirche. Eine Person der Ritual-Gruppe betrat den Fahrstuhl und nach einem Moment schloss sich die Tür automatisch. Eine andere Person der Ritual-Gruppe drückte den Knopf außen neben der Tür. Als sie sich wieder öffnete, präsentierte die Vikar:in im Fahrstuhl den anderen ein Standbild, zum Beispiel zur verspiegelten Decke erhobene Hände. Anschließend folgte das nächste Mitglied der Ritual-Gruppe. Nachdem alle einmal dran waren, öffnete die Ritual-Gruppe die Fahrstuhltür für die Predigt-Gruppe. Eine Vikarin der Predigt-Gruppe ging in den Fahrstuhl, drehte sich um, und begann, über den nicht erkannten, verloren geglaubten Jesus aus Joh 21 zu predigen. Plötzlich rannte ein Vikar der Predigt-Gruppe weg. Eine Vikarin der Ritual-Gruppe folgte ihm. Alle anderen stiegen in den Fahrstuhl und fuhren rauf und runter. Im Fahrstuhl predigte jemand aus der Predigt-Gruppe spontan zur Parallele zwischen dem verlorenen Jesus und dem verlorenen Sohn (Lk 15). Die Tür öffnete sich, und der Vikar, der weggerannt war, trat in den Fahrstuhl. Er atmete heftig. Alle fuhren ganz nach unten. Ein Vikar der Ritual-Gruppe stieg aus und blieb, mit dem Rücken zum Fahrstuhl, vor einer hohen grauen Betonwand stehen. Nach einer Pause sagte jemand: »Umarm ihn!« Jemand tat es und brachte den Vikar zurück in den Fahrstuhl. Wir fuhren alle wieder hoch, stiegen aus und waren kurz still. Eine Kurzpredigt folgte noch, bevor wir zur Auswertung in den Arbeitsraum zurückgingen, wo die Vikarin eintraf, die sich im weitläufigen Treppenhaus der Schlosskirche auf die Suche begeben hatte.

Spontan Verlorenes

Reflexion

In der gemeinsamen Reflexion teilten die Teilnehmenden zunächst ihre Begeisterung darüber, dass ein so kreativer Ablauf gelungen war. Die Vikar:innen waren überrascht, dass statt Chaos eine sinnvolle Zug-um-Zug-Struktur entstanden war und dass sich eine emotionale Tiefe mit unerwarteten Resonanzen zwischen den biblischen Texten und den Ritualisierungen eingestellt hatte.

Einige Vikar:innen empfanden Frustration darüber, dass sie ihre Pläne nicht ausführen konnten. Vikar:innen der Ritual-Gruppe und der Predigt-Gruppe mussten Intentionen aufgeben und ineinanderschieben. Dabei hatten die Redenden die Oberhand: Sie konnten die Abläufe leichter beeinflussen und die rituell (und still) Handelnden unterbrechen. Zudem konnten sie auf ihre Ausbildung zurückgreifen, sich auf ihre Routine verlassen und kamen schnell ins Sprechen; Ritualisierung hingegen war für die andere Gruppe ungewohnt.

In der Planung erschien den Vikar:innen die Beteiligung der Gemeinde durch an diese gerichtete Fragen sinnvoll. Deren Antworten sollten dann aufgenommen werden. Im Experiment kam es jedoch gar nicht dazu, dass jemand seine Frage stellte.

Die Ritual-Gruppe identifizierte nonverbale Einladungen zum Mitmachen auch von Nichtordinierten als niedrigschwellig und dennoch bedeutungsproduktiv; sie mussten sehr achtsam und auf Augenhöhe interagieren, weil sie sich nicht auf Worte verlassen konnten (vgl. Spolins (1963) Übung zum Physikalisieren → S. 36).

Um in anderen Gebieten der Gemeindearbeit beteiligend zu improvisieren, müssen Leitende das Ruder abgeben, das aushalten, aber auch weiter begleiten. Als relevante Praxis stellte sich das Einladen beziehungsweise Auffordern zum Mitmachen heraus – es muss klar formuliert oder dargestellt sein. Einladungen müssen den Teilnehmenden die »Scheuklappen« vermitteln, die Affordanzen in der Wahrnehmung mit sich bringen, die Wirkung der Affordanz dann verstärken – oder abändern, wenn beispielsweise ein Fahrstuhl zur Spiegelbühne umfunktioniert wird. Verbales Anweisen, Auffordern und Einladen ist weniger anspruchsvoll als theatrales.

Riskant am Improvisieren war die Überforderung mit Unbekanntem, Unsicherheit und die Aufgabe, sehr verschiedene Intentionen und Ideen integrieren zu müssen.

Im Wittenberger Versuch waren alle rituelle und homiletische Expert:innen und alle fühlten sich für den Ablauf verantwortlich. Deswegen mussten sie spontan entgegenstehende Intentionen und Ansprüche in Einklang bringen. Menschen einzubeziehen, die keine Expert:innen sind, aber eben auch die Richtung angeben, wies auf die Aufgabe der situativen Verhandlung von Deutungs- und Leitungsmacht hin – mit anderen Worten:

Damit improvisatorische Beteiligung auch von Lai:innen in Predigt und Ritual gelingen kann, braucht es Side-Coaches (→ S. 41).

Zusammen erreichten wir, was weder im Plan der Predigt-Gruppe noch im Plan der Ritual-Gruppe vorgesehen war: Die Korrespondenz zwischen Verlorenem/Gefundenem – von Jesus, der woanders ist, als gedacht, dem verlorenen Sohn und dem verschwundenen Vikar – wurde zu einem sich spontan in der Situation entwickelndem Erlebnis.

6.2 Pop-up-Kirche und Ritualagenturen

Die in den letzten Jahren entstandenen landeskirchlichen Ritualagenturen machen Pop-up-Events, -Taufen und -Hochzeiten als spontane Akte möglich und improvisieren Zeremonien (vgl. Handke/Barnahl 2023, 45–47).

»Pop-up« als Format ist in kirchlichen Erprobungsräumen zum Trend geworden. Übersetzen lässt es sich am besten mit: Plötzlich auftauchen. Das gilt zum Beispiel für den Button oder das Fenster, das in meinem Internetbrowser »auf-poppt«, meine Aufmerksamkeit auf sich zieht und meine Pläne (zu arbeiten) verändert (zum Prokrastinieren). Der springende Punkt bei Pop-ups ist, dass sie springen, knallen, aufplatzen *(to pop)* und vor allem anderes überdecken. Pop-up ist eine Strategie aus dem Marketing.

Mittlerweile gibt es auch in Deutschland eine Reihe von Pop-up-Kirchenangeboten wie Advents-Pop-ups oder die Aktionsformate der Nordkirche und von *midi* (Arbeitsstelle für missionarische Kirchenentwicklung und diakonische Profilbildung) seit 2019, bei denen Vikar:innen unter anderem in Hamburg Namen von Frauen sammeln, denen Gewalt angetan wurde, oder auf der Straße nach dem Leben nach dem Tod fragen (Handke 2020). Diese Formate leben davon, dass es keine vorher festgelegten Abläufe gibt, dass Kirche aus der »Komfortzone« geht und sich in eine »Lernzone« begibt, dort auftaucht, »wo man sie sonst nicht vermutet« (Handke 2020).

Pop-up-Hochzeitsfestival

Am 21. Mai 2022 entschieden sich 72 Paare dazu, in der Genezarethkirche in Berlin-Neukölln spontan zu heiraten. (Das Festival wurde mittlerweile mehrfach wiederholt.) Das Berliner Segensbüro, eine missionarische Initiative und Teil der »Dritten Orte« in der EKBO, veranstaltete dort ihr erstes Pop-up-Hochzeitsfestival unter dem Titel »Spontan ja sagen«. Für einige bedeutete »spontan«, dass sie einige Wochen vorher der Einladung des Segensbüros folgten. Andere entschieden sich aus dem Moment heraus, sich von den bereitstehenden Pfarrer:innen trauen zu lassen. »Wie diese eine Frau, die da die ganze Zeit zitternd über den Platz lief. Die hat sich vorher noch mit Freunden getroffen und eine Viertelstunde vorher ihren Freund gefragt: ›Hey, willst Du mich nicht heiraten?‹« (Brückner 2022). Für alle Paare gibt es Module für eine kurze Liturgie. Wer mag, wählt aus einer Liste einen Song, der während der Hochzeit von einer Band live gespielt wird. Ein Hochzeitsspruch kann aus einer goldenen Schale wie ein Los gezogen werden.

Geloster Bibelspruch

Auf Basis des gelosten Bibelspruchs wird frei entwickelt, was genau dieses Stichwort hier und jetzt für die Situation der Anwesenden bedeutet – eine Impro-Predigt. Nach einem kurzen persönlichen Gespräch mit einer Pfarrperson geht es direkt zur Hochzeitszeremonie. Etwa eine halbe Stunde hatten Pfarrperson und zu Segnende Zeit, um Biographisches zu besprechen. Dabei entfaltet dieses neue Format die gleiche emotionale und inhaltliche Wirkung und Erfahrung wie eine langfristig geplante und in vollem Zeitumfang (40–60 Minuten) gefeierte kirchliche Trauliturgie, kondensiert sie aber und arbeitet mit dem Unberechenbaren, mit der Spontaneität als liturgischem Prinzip.

Spontan ja sagen

»Auch die Leute, die das vorher überlegt haben und da ankamen – man hatte das Gefühl, sie sind weniger angespannt, auch das Paar, was man im rbb sieht, hat hier Rotz und Wasser geweint. [...] Das Spontane hat zu mehr Emotionalität geführt, der Ort war emotional aufgeladen. Alle liefen breit grinsend rum« (Brückner 2022). Spontaneität emotionalisiert. Sie steigert die Rezeptivität. In der Reflexion der teilnehmenden Pfarrpersonen wird das mit Entlastung verbunden. Das Ereignis konzentriert sich auf einen Moment. Die Idee, dass ein Plan perfekt umzusetzen wäre, ist von vornherein ausgeschlossen. Die eigene Willensbewegung wird stärker aufgenommen, weil so viel von einer »großen Hochzeit« gar nicht möglich ist. Die Unvollkommenheit, das Verzeihen von Fehlern sind bei einer spontanen Trauung als ästhetisch und erstrebenswert gerahmt und erlebt. Vorbild ist für einige die spontane Heirat in Las Vegas mit Elvis-Imitator und schnell besorgtem Ring: Alles ganz improvisiert und umso intensiver.

Die zeitliche Begrenzung ist bedeutungsproduktiv. »Durch die Kürze der Zeit war da mehr Platz für: ›Wir machen das jetzt‹ und wieso eigentlich?« (Brückner 2022). Im fünfzehnminütigen Traugespräch orientieren sie sich dabei an fixen Fragen wie: »Wo kommt ihr her?«, »Warum seid ihr hier?«, »Was schätzt ihr aneinander?« Interessanterweise beschreiben einige die Emotionalität der Teilnehmenden als sehr getragen und ernst, vor allem im Segensmoment: »Die Emotionalität bei den Menschen, die da waren, war eher wie bei einer Beerdigung als bei einer Hochzeit« (Brückner 2022). Die Pfarrer:innen überrascht, dass (tod-)ernste Stimmung und Ernsthaftigkeit in dem als locker und feierlich-fröhlich geplanten Event so stark zum Ausdruck kamen.

Instant-DIY und Individualisierung

Pop-up-Hochzeiten sind einzigartig und individualisiert. Wer auch bei einer spontanen Pop-up-Hochzeit nicht auf traditionelle Elemente wie Blumen oder Sektempfang verzichten wollte, konnte diese direkt vor Ort bei Kooperationsparter:innen des Segensbüros buchen. Auch Picknickkörbe, Rikschafahrten über das Tempelhofer Feld und Foto-Lovestories professioneller Fotograf:innen waren im Angebot. Konventionelle Elemente wurden so zur wählbaren Option, waren aber nicht Teil der wiedererkennbaren Grundstruktur.

Improvisieren zeigt hier seine Stärken: überraschend auftauchende Emotionen (trotz geplanter Fröhlichkeit – »alle liefen breit grinsend herum« – und lockernder Öffnung bleibt Hochzeit auch todernst), mehr Interaktion, emotionale Verdichtung durch Zeitdruck, Entlastung und Freiheit. Die Kombination aus Modulen sowie die Möglichkeit der Auswahl individualisieren und erfüllen das Bedürfnis der Einzigartigkeit (»Das ist nur für uns«) – erzeugen aber auch unerwartete Assoziationen, dekonstruieren und rekonstruieren. So wurden mit dem, was gerade zur Hand war, Hochzeitstraditionen evoziert und transformiert: Die Hochzeitsrikscha beispielsweise war geschmückt wie ein konventionelles Hochzeitsauto, und statt der Ringe konnten die Brautleute Segensbänder austauschen.

DIY-Hochzeit

Wie bei Handkes (2020) Pop-up-Experimenten der Nordkirche und anderswo, ist das Ergebnis offen und nur durch Kooperation und Interaktion mit vielen Beteiligten möglich. Das hängt mit der Einzigartigkeit, der besonderen Emotionalität und der hohen Dichte an Erfahrung und Intimität zusammen.

6.3 Impro-Abendmahl während der Coronapandemie

Eindrücklich wird die transformative Kraft der Improvisation am Beispiel des Online-Abendmahls im globalen Lockdown, für das keine Pläne, klaren Regeln oder agendarische Vorgaben existierten, das improvisiert werden musste (vgl. Schirr 2024). Weltweit feierten Christ:innen Abendmahl vor einem Bildschirm mit dem Brot, das sie fanden, und dem Wein, den sie noch hatten. Ich gebe eine Reflexion dieser Erfahrung von einer Pfarrerin des Berliner Formates »Brot&Liebe« wieder, das Mitte 2020 – jenseits von Kirchenratssitzungen oder theologischen Kommissionen – einfach damit anfing, Online-Abendmahl über »Zoom« zu feiern. Andrea Kuhla (2021), die Mitgründerin von Brot&Liebe schreibt:

> Es ist Sonntagabend, 19:00 Uhr – unser @brot.und.liebe-Team hat grade den Call für die letzten Absprachen beendet. Ich gehe aus meinem Zimmer in unsere Wohnküche und treffe noch einmal meine Familie. Mein Mann beseitigt den Abwasch und unsere beiden Jungs drehen nochmal so richtig auf – springen auf dem Sofa und toben durch die Wohnung. Ich gebe allen einen Kuss und trete an die Küchenzeile. Öffne die Schränke. Suche meinen schönsten Teller aus. Den mit Goldrand und der kleinen Macke außen am Rand. Frage mich, welche Tasse mit welchem Motiv heute wohl gut passt. Suche mir einen Kanten Brot. Toast, Knäcke, Sauerteig – was noch übrig ist am Sonntagabend. Und schenke mir einen Schluck ein. Wein. Saft. Oder Tee.
> Und genau das ist mein Allerheiligstes am Abend. Mein Schönstes an unserem gemeinsamen Abendmahl. Denn ich weiß, dass jetzt mit mir gemeinsam in allen Ecken Deutschlands und der Welt 50–90 andere Menschen in ihren Wohnungen und Häusern, mitten im Alltag, wie auch immer der aussehen mag, mit wem und ohne wen auch immer, dasselbe tun:
> Sich einschenken. Und auftun. Ihren Platz finden. Und alles bereitstellen. Das ist mein Heilig heilig heilig.
> Dieses Internet macht uns alle gleich:
> Hier ist nicht Protestantin noch Katholik,
> nicht Stadtschwalbe noch Landlieber. […]
> Dieser Zoomraum macht uns alle gleich.
> In unseren jeweils ganz unterschiedlichen und individuellen Zusammenhängen. Nicht versteckt hinter einer Kachel, sondern ganz real da.

Auf meiner Couch
In meiner Küche
Im Bett
In der Badewanne
Mit schlafenden oder tobenden Kindern. [...]«
(@segenssachen, Instagram-Post, 23. März 2021)

Eine Abendmahlsliturgie von Brot&Liebe lässt sich online finden (Kuhla u.a. 2021). Wer überhaupt wie teilnimmt beziehungsweise teilnehmen darf, ist in dieser Form der Online-Abendmahlsimprovisation nicht mehr nachvollziehbar, weil nicht klar ist, wer mit den Agierenden im Raum zugegen ist. Alltagspraktiken, -räume und -gegenstände werden aktiv je neu sakralisiert und so erlebt. Heilige Zonen und Dinge werden spontan geschaffen. Eine Folge ist Konzentration: Die Ritualisierung mitten im Alltag konzentriert das Praxisgrundschema des Offline-Abendmahls – weniger Abgrenzung, Text, Zeit, weniger Raum. Die Rollen des Abendmahls sind »enthierarchisiert«. Der Modus des Zwischendurchs begünstigt plurale Deutungen. Eine andere Folge ist in der Deutung Kuhlas (2021) die Vorverlagerung des Heiligen Momentes in die Vorbereitung: Nicht das *live*-Teilen von Brot ist heilig, sondern das Bereitstellen. Das macht jede:r für sich, wo sonst Pfarrpersonen an Altären in Kirchen Brot und Wein mit den Einsetzungsworten für die Verteilung vorbereiten. In der Improvisation, die aus der Not entsteht, verschiebt sich das Abendmahl durch Quarantäneregelungen in Privaträume hinein. Theologisch sind die Folgen dessen noch nicht reflektiert (es erscheint kein neuer Luther in Wittenberg, der eine Ordnung verteidigt oder aktualisiert; → Kapitel 1.1). Das Abendmahl entwickelt sich improvisatorisch weiter, wie ein unabgeschlossenes Musikstück (→ Kapitel 2.2).

Heiligkeit im Alltag

Prozesse, die den Zeitdruck, die Menge der Dinge, die zur Verfügung stehen, und das Öffnen möglicher Akteur:innen und Formate mit sich bringen, die durch Kirchenaustritte, die ForuM-Studie (Forschung zur Aufarbeitung von sexualisierter Gewalt und anderen Missbrauchsformen in der Evangelischen Kirche und Diakonie in Deutschland) oder den Nachwuchsmangel ihren Lauf nehmen, lassen sich möglicherweise durch die Pandemie schon einmal wie eine Vorschau wahrnehmen. Dabei bleibt unklar, wie viele der kreativen Vorstöße und Freiräume langfristig zurückgenommen werden. Es lohnt sich, für das Neue zu kämpfen, seine Auswirkungen zuzulassen und zu verfolgen, wenn für die meisten Praktiker:innen die Routine wieder einsetzt.

7 Literatur

Alcántara, Jared E.: Crossover Preaching. Intercultural-Improvisational Homiletics in Conversation with Gardner C. Taylor, Downers Grove 2015.

Anderson, Kenton C.: Choosing to Preach. A comprehensive introduction to sermon options and structures, Grand Rapids 2009.

Auslander, Philip: Liveness. Performance in a mediatized culture, London/New York 1999.

Bailey, Derek: Improvisation. Its nature and practice in music, Boston 1993.

Barentsen, Jack: Pastoral leadership as dance. in: Practical Theology 12/3 (2019), 312–322.

Begbie, Jeremy: Theology, Music and Time, Cambridge (Massachusetts) 2000.

Bell, Catherine: Ritual Theory, Ritual Practice, Oxford 1992.

Belliger, Andréa/Krieger, David J.: Ritualtheorien, Wiesbaden 2003.

Benson, Bruce Ellis: Liturgy as a Way of Life, Grand Rapids 2013.

Bieler, Andrea: Gottesdienst interkulturell, Stuttgart 2008.

Bieler, Andrea: Verletzliches Leben. Horizonte einer Theologie der Seelsorge, Göttingen 2017.

Bild Online: Polizisten-Mord: Bewegende Trauerfeier in Kusel (4. Februar 2022), online unter: www.youtube.com/watch?v=NLnk3vYNfdU&t=400s (Zugriff am 5.4.2024).

Bouley, Allan: From Freedom to Formula. The Evolution of the Eucharistic Prayer from Oral Improvisation to Written Texts, Washington (D. C.) 1981.

Bourbouhakis, Emmanuel C.: Rhetoric and Performance, in: Paul Stephenson (Hg.): The Byzantine World, London/New York 2010, 175–187.

Breul, Martin: Schöpfung, Paderborn 2023.

Brückner, Theresa: Interview mit Autor am 23. Mai 2022, persönliche Mitteilung.

Budde, Achim: Der Sieg des Rituals über die Improvisation. Spontaneität und Vorschrift im Gebet der Alten Kirche, in: Deeg, Alexander/Steinmetz, Uwe (Hg.): Blue Church, Leipzig 2018, 19–50.

Budde, Achim: Gemeinsame Tagzeiten, Stuttgart 2013.

Burghardt, Daniel/Zirfas, Jörg: Der pädagogische Takt, Weinheim 2019.

Burrichter, Rita: Von realer Gegenwart, in KatBl 148 (2023), 20–24.

Buttrick, David: Homiletic Moves and Structures, Minneapolis 1987.

Cage, John: Silence, Middletown 1959.

Caputo, John D.: The Weakness of God, Bloomington/Indianapolis 2006.

Christopoulos, Georgie I./Tobler, Philippe N.: Culture as Response to Uncertainty. Foundations of Computational Cultural Neuroscience, in: Chiao, Joan Y. (Hg.): The Oxford Handbook of Cultural Neuroscience, Oxford 2022, 81–106.

Copeland, M. Shawn: Cornel West's Improvisational Philosophy of Religion, in: George Yancy (Hg.): Cornel West: A Critical Reader. Malden 2000, 154–166.

Craigo-Snell, Shannon: Command Performance. Rethinking Performance Interpretation in the Context of Divine Discourse, in: Mode Theology 16/4 (2000), 475–482.

Deeg, Alexander/Nicol, Martin: Im Wechselschritt zur Kanzel, Göttingen 2011.
Deeg, Alexander/Steinmetz, Uwe (Hg.): Blue Church, Leipzig 2018.
Deeg, Alexander: ImproRitus und HeteroEchie, in: Deeg, Alexander/Steinmetz, Uwe (Hg.): Blue Church, Leipzig 2018, 291–302.
Driver, Tom: The Magic of Ritual. Our Need for Liberating Rites that Transform Our Lives and Our Communities, San Francisco 1991.
Ebner, Martin: »Weisheitslehrer« – eine Kategorie für Jesus? Eine Spurensuche bei Jesus Sirach, in: Beutler, Johannes (Hg.): Der neue Mensch in Christus. Freiburg im Breisgau 2001, 99–119.
Ehrlich, Uri: The Nonverbal Language of Prayer, Tübingen 2019.
Evangelisches Gottesdienstbuch: Agende für die Union Evangelischer Kirchen in der EKD (UEK) und die Vereinigte Evangelisch-Lutherische Kirche Deutschlands (VELKD), Leipzig 2020, online unter: www. liturgia.de (Zugriff am 4.4.2024).
Fechtner, Kristian/Klie, Thomas (Hg.): Riskante Liturgien, Stuttgart 2011.
Feldbush, Mark A.: The Improvising Chaplain, in: Annie DeRolf/Gunter, Christie/Loppnow, John/Marshall, Jon/Oord, Thomas Jay (Hg.): Love does not control, Grasmere 2023, Kapitel 21 (ohne Seitenangabe).
Franklin, C. L., The Prodigal Son, in: Goss, Linda u. a.: Talk that Talk. An Anthology of African-American Storytelling, New York 1989, 190–198.
Franklin, C. L., The Prodigal Son, online unter: https://www.youtube.com/watch?v=EOXn81dPTqc (Zugriff am 11.4.2024).
Gaelic Psalms, Aufzeichnung aus der Black Free Church, Isle of Lewis, 20/21. Oktober 2003, online unter: https://www.youtube.com/watch?v=k3MzZgPBL3Q (Zugriff am 5.4.2024).
Gibson, James Jerome: The ecological approach to visual perception, Boston 1979.
Goldstein, Niles Elliot: Gonzo Judaism. A Bold Path for Renewing an Ancient Faith, Boston/London 2010.
Goffman, Erving: Wir alle spielen Theater, München 2003.
Greenleaf, Robert K.: Servant Leadership, Westfield 1970.
Grethlein, Christian: Christsein als Lebensform. Leipzig 2018.
Grimes, Ronald L.: Deeply Into the Bone: Re-Inventing Rites of Passage, Berkeley/Los Angeles/London 2002.
Handke, Emilia: Pop Up Church, in: midi Magazin 22.01.2020, online unter: https:/www.mi-di.de/magazin/pop-up-church (Zugriff am 5.4.2024).
Handke, Emilia/Barnahl, Meike: Dein Leben, dein Moment: Rituale neu entdecken und individuell gestalten, München 2023.
Heltzel, Goodwin: Ressurection City. A Theology of Improvisation, Grand Rapids 2012.
Higton, Mike/Loveday, Alexander, Faithful Improvisation? Theological Reflections on Church Leadership, London 2016.
Hoffelner, Alexander: Pädagogische Improvisation, Bad Heilbrunn 2023.
Hoffmann, Monika: Die Rolle des Gebetes beim Krankenbesuch, in: Diakonia 37 (2006), H. 2, 139—145.
Tertullian: Apologeticum. Hg. von Carl Becker, München 1952.
Izzo, Gary: The Art of Play, Portsmouth 1997.
Johnstone, Keith: Improvisation and the Theatre, London 1987.
Johnstone, Keith: Improvisation for Storytellers, London 1999.
Jullien, François: Über die Wirksamkeit, Berlin 1999.
Kamitsuka, Margaret: Feminist Theology and the Challenge of Difference, Oxford 2007.
Keller, Catherine: The Face of the Deep. A Theology of Becoming, London/New York 2003.

Klafki, Wolfgang: Pädagogisch-politische Porträts, Wiesbaden 2019.
Klie, Thomas/Fendler, Folkert/Gattwinkel, Hilmar (Hg.): On demand. Kasualkultur der Gegenwart, Leipzig 2017.
Klie, Thomas/Leonhard, Silke: Performative Religionsdidaktik, Stuttgart 2008.
Koll, Julia: Die rituelle Dynamik des Jazz, in: Deeg, Alexander/Steinmetz, Uwe (Hg.): Blue Church, Leipzig 2018, 135–150.
Kornek, Daniela: Impro-Theater meets Praktische Theologie, in: KatBl 148 (2023[a]), 25–29.
Kornek, Daniela: Ja, und. Impulse aus dem Improvisationstheater zum Umgang mit den Pastoralen Räumen, Pastorale Raumöffner #2, Münster 2023(b).
Kostelanetz, Richard: Conversing with Cage, New York/London 2003.
Koutsoupidou, Theano/Hargreaves, David J.: An experimental study of the effects of improvisation on the development of children's creative thinking in music, in: Psychology of Music 37 (3), 251–278.
Krämer, Olaf: Nonverbale Seelsorge im Kontext stationärer Pflege, Frankfurt am Main 2011.
Kuhla, Andrea/Furrer, Meinrad/Blum, Hella: Brot&Liebe, in: Cursor, Zeitschrift für explorative Theologie (28.10.2021), online unter: https://cursor.pubpub.org/pub/nz1kifuk/release/1 (Zugriff am 6.4.2021).
Laban, Rudolf von: Choreographie, Jena 1926.
LaRue, Cleophus J.: The Heart of Black Preaching, Louisville 2000.
Lathrop, Gordon: Holy Things, Minneapolis 2023.
Lefebvre, Henri: The Production of Space, Oxford 1991.
Lehnert, Volker: Kein Blatt vor'm Mund. Frei predigen lernen in Sieben Schritten, Neukirchen 2010.
Lehrergeständnisse, »Nun schreiben wir ein Diktat«, in: Der Spiegel (21. August 2014), online unter: https://www.spiegel.de/lebenundlernen/job/lehrergestaendnisse-tipps-wenn-schulstunden-nicht-vorbereitet-sind-a-981609.html (Zugriff am 5.4.2024).
Leonhard, Clemens: In der Kirche lachen? Vielleicht zu Ostern, in: Feinschwarz. Theologisches Feuilleton (23. April 2019), online unter: https://www.feinschwarz.net/ostern-heisst-lachen/ (Zugriff am 5.4.2024).
Leroy, Francois J.: L'homilétique de Proclus de Constantinople, Vatikanstadt 1967.
Lobman, Carrie/Lundquist, Matthew: Unscripted Learning, New York 2007.
Logan, Christie: Improvisational Pedagogy, in: Sharon J. Dailey (Hg.): The Future of Performance Studies, Annandale 1998, 181–185.
Luther, Henning: Leben als Fragment, in: WzM 43 (1991), 262–273.
Mann, Thomas: Doktor Faustus, Frankfurt am Main 1947.
Mark, Janne/Veit, Lothar/Handt, Hartmut/Stickan, Daniel: Pilgrim – SATB, München 2017.
Martin, Dale B.: Pedagogy of the Bible, Louisville 2008.
McClaflin, Ian: Developing a Systematic Approach for Teaching Beginning Improvisation Using the Concert Percussion Ensemble, (Diss.) Hattiesburg 2020, online unter: https://aquila.usm.edu/dissertations/1818/ (Zugriff am 5.4.2024).
Meyer-Blanck, Michael/Deeg, Alexander/Stäblein, Christian: Präsent Predigen, Göttingen 2011.
Möller, Judith/van de Velde, Robbert Nicolai/Merten, Lisa/Puschmann, Cornelius: Explaining Online News Engagement Based on Browsing Behavior, in: Social Science Computer Review 38 (2020), Iss. 5, 616–632.
Müller, Cornelia: Predigt Schreiben. Prozess und Strategien der homiletischen Komposition, Leipzig 2018.

Müller, Peter E.: Herbert Grönemeyer spuckt wieder Wörter aus, in: Die Welt, 1. Juni 2012.
Muth, Jakob: Gelegenheitsunterricht, in: Horney, Walther/Ruppert, Johann Peter/Schultze, Walter: (Hg.): Pädagogisches Lexikon. Bd. 1, Gütersloh 1970.
Nussbaum, Martha: Love's Knowledge, Oxford 1992.
Parsons, Thomas D.: Cyberpsychology and the Brain, Cambridge (Massachusetts) 2017.
Powell, Mark Allen: What Do They Hear? Bridging the Gap Between Pulpit & Pew, Nashville 2007.
Pickering, Kenneth: Drama Improvised. A Source Book for Teachers and Therapists, London/New York 1997, [2]2019.
Pohl-Patalong, Uta: Bibliolog, Stuttgart 2013.
Puckering, Harry/Knight, Julia E.: Listen! Say Yes! Commit!, Morrisville 2014.
Pyka, Holger: Spiel mit dem Wort. Kreatives Schreiben für Predigt und Preacher-Slam, Göttingen 2018.
Ringstrom, Philip A.: Scenes That Write Themselves: Improvisational Moments in Relational Psychoanalysis, in: Psychoanalytic Dialogues, 17/1 (2008), 69–99.
Rohrberger, A.: The efficacy of fidget toys in a school setting for children with attention difficulties and hyperactivity, Ithaca 2011.
Romanelli, Assael/Berger, Ronen: The ninja therapist: Theater improvisation tools for the (daring) clinician, in: The Arts in Psychotherapy 60 (2018), 26–31.
Rosa, Hartmut: Resonanz. Eine Soziologie der Weltbeziehung, Berlin 2016.
Roth, Ursula/Albrecht, Christian/Hauschildt, Eberhard (Hg.): Praktische Theologie des Alltags, Stuttgart 2024.
Sawyer, R. Keith: Creative Teaching. Collaborative Discussion as Disciplined Improvisation, in: Educational Researcher 33/2 (2004), 12–20.
Schirr, Bertram J.: Fresh Expressions of Church – eine praktisch-theologische Herausforderung, in: PrTh 45/2 (2010), 116–123.
Schirr, Bertram J.: Fürbitten als religiöse Performance, Leipzig 2018.
Schirr, Bertram J.: Singende Körper, gesungene Körper: Praxistheoretische Überlegungen zum Gemeindegesang, in: Pastoraltheologie 108 (2019), H. 3, 83–98.
Schirr, Bertram J.: Vom Evangelikalen Gottesdienst zum Evangelikalen im Gottesdienst, in: Praktische Theologie 57/3 (2022), 134–139.
Schirr, Bertram J.: Zurück zum Tisch. Verschiebungen von Abendmahlspraktiken im neuen digitalisierten Alltag der COVID-19 Pandemie, in: Ursula Roth u.a. (Hg.): Praktische Theologie des Alltags, Stuttgart 2024, 203–216.
Schirr, Bertram J.: Broken Readings, queer (m)ending, in: Bryan Cones u.a. (Hg.): Queer Worship, New York 2023, 111–122.
Schröder, Bernd: Religionspädagogik, Tübingen 2021.
Schweyer, Stefan: Freikirchliche Gottesdienste, Leipzig 2020.
Spener, Philipp: Pia desideria. Hg. von J. Kurt Aland, Berlin 2015.
Spolin, Viola: Improvisation for the Theatre, Evanston 1963.
Steinmetz, Uwe/Koll, Julia: Jazz und Kirche, Leipzig 2016.
Su, Feng/Wood, Margaret/Tribe, Robert: »Dare to be silent«. Re-conceptualising silence as a positive pedagogical approach in schools, in: Research in Education 166/1 (2023), 29–42.
Sudnow, David: Ways of the Hand: The Organization of Improvised Conduct, Cambridge (Massachusetts) 1993.
Thomson, Lynn M.: Teaching and Rehearsing Collaboration, in: Theatre Topics 13/1 (2003), 117–128.
Tisdale, Leonora Tubbs: Preaching as Local Theology and Folk Art, Minneapolis 1997.

Turino, Thomas: Music as Social Life. The politics of participation, Chicago 2008.
Turner, Victor Witter: The Ritual Process, London 1969.
van Gennep, Arnold: Übergangsriten, Frankfurt a. M./New York 2005.
von Balthasar, Hans Urs: Theo-Drama. Theological Dramatic Theory, Vol. III, San Francisco 1992.
Vanhoozer, Kevin J.: The Drama of Doctrine, Louisville 2005.
Vreugdenhil, Tim: Stand-Up Theology: Presenting the Gospel through Cultural Connection (2021), online unter: https://redeemercitytocity.com/articles-stories/tim-vreugdenhil-interview (Zugriff am 5.4.2024).
Wagner-Rau, Ulrike: Auf der Schwelle. Das Pfarramt im Prozess kirchlichen Wandels, Stuttgart 2012.
Ward, Pete: Liquid Church. Eugene 2001.
Wells, Samuel: Improvisation. The Drama of Christian Ethics, Grand Rapids 2004.
Werner, Eva-Maria: Beziehungsarbeit, in: Paulinus 11 (2011), online unter: https://www.paulinus.de/archiv/archiv/1111/bistuma5.html (Zugriff am 5.4.2024).
West, Cornel: Race Matters, Boston 2001.
Westermann, Claus: Wurzeln der Weisheit, Göttingen 1990.
Wisker, Marius: Events in der praktisch-theologischen Theoriebildung, Stuttgart 2021.
Zimmerli, Walther: Ezechiel, Neukirchen-Vluyn 1979.

Glossar

8

Affordanz: Die Handlungsaufforderungen und Nutzungsmöglichkeiten, die in einem Gegenstand angelegt sind, und einladen, ihn zu verwenden.

Attunement/Entrainment: Einstimmen, einschwingen bzw. aufeinander einstellen, Dinge machen lassen.

Angebot machen: Dem/der Partner:in oder dem Ensemble eine Idee, einen Gedanken, eine Bewegung oder eine Aktivität präsentieren; gilt als Zeichen einer/s talentierten Improvisator:in.

Angebot erkennen: Das positive oder negative Element in der Leistung eines anderen unterscheiden, auf dem man aufbauen kann.

Angebot annehmen: »Ja« zu etwas sagen, das der/die Partner:in in einer Szene vorschlägt oder gibt; das Unerwartete annehmen und nutzen.

Beziehung: Die Umstände, die zwei oder mehr Personen verbinden; der Grund, warum sie in der Szene zusammen sind.

Bühne: Jede Umgebung, in der eine Aufführung stattfindet, Klassenzimmer, Flur oder Spielplatz. Die *stage*/Bühne ist der Ort, an dem für alle Teilnehmenden klare Regeln einer Aufführung gelten. Die Hinterbühne/*backstage* ist nicht allen zugänglich. Distanziert von den Regeln und Rollen der Bühne kann hier auf einer Metaebene improvisiert werden, und auch alles Ungezeigte und Unzeigbare wirkt mit.

Call-and-response: Jede Aktivität, bei der eine leitende Person ruft und die Gruppe antwortet, indem sie gemeinsam wiederholt, was aufgerufen wurde. Bei einer *Call-and-response*-Aktivität können die Menschen abwechselnd die Leitung übernehmen.

Cut: Der Regisseur der Szene ruft »Cut!«, um eine Szene oder Aktivität zu beenden. Andere Begriffe, die zum Beenden von Szenen verwendet werden können, sind »Vorhang« oder »Danke«.

Ensemble: Die kollektiven Spielenden einer Gruppe, die zusammenarbeiten, um ein bestimmtes Ziel zu erreichen. Das Publikum jeder Improvisationsaktivität kann als Teil eines Ensembles betrachtet werden.

Fokus: Die Aufmerksamkeit aller Improvisierenden sollte auf eine bestimmte Person oder ein bestimmtes Objekt gelenkt bleiben; Ensembles sollten einen gemeinsamen Fokus haben.

Freeze: Der/die Leitende kann »Freeze!« rufen, um alle Bewegungen und Lautäußerungen während einer Aktivität anzuhalten oder um den Charakteren eine Richtung zu geben; im Gegensatz zu »Schnitt« bedeutet »Freeze«, dass die Aktion nach einer kurzen Pause zur Umleitung oder Reflexion fortgesetzt wird.

»Ja-und …«: Die grundlegende Aktivität der Improvisation. »Ja« sagen (wörtlich oder anders) bedeutet, alles zu hören und zu akzeptieren, was zuvor in der Szene passiert ist. Wenn jemand »Ja-und« sagt, wird etwas hinzugefügt, um den Dialog oder die Aktion voranzutreiben.

»Nein, aber«: Das Gegenteil von »Ja-und«; Wenn ein:e Darsteller:in »Nein, aber« sagt, ob sie nun die Worte ausspricht oder nicht, lehnt sie ein Angebot ab.

Props/Requisiten: Alle Gegenstände, die bei einer Aufführung verwendet werden, z. B. eine Haarbürste oder ein Stuhl. In der theatralen Improvisation sind Requisiten meist imaginär.

Rhythmisierung: Organisation von Gleichläufen, Einheiten des Handelns und Redens.

Rolle: Die Rolle, die man in einer Szene oder anderswo im Leben spielt und die eine festgelegte Reihe von Regeln und Bedingungen mit sich bringt, die die darin zulässigen Aufführungsoptionen regeln.

Serendipität: Zufällige Beobachtung von etwas ursprünglich nicht Gesuchtem, das sich als neue und überraschende Entdeckung erweist.

Side-Coaching: Das Arrangement während einer Szene, in der/die Regisseur:in oder ein:e Akteurskolleg:in Unterstützung und Ideen von außerhalb anbietet.

Site-Specifity: Die Einzigartigkeit eines Ortes, die z. B. ein Kunstwerk herausarbeitet und zum Ausdruck bringt.

Témenos: Sicherer Ausgangsbereich in einer vertrauten Gruppe, der Schritte ins Unbekannte ermöglicht.

Wer/Was/Wo (Wie und Warum) – die drei (oder fünf) *W's/Plattform:* Die Festlegung des Wer (Beziehung), Was (Aktion) und Wo (Ort) der Szene ist der Schlüssel zum Fortschritt und wird meist vom »Publikum« eingeholt. Erweitert werden kann mit »Methode« (Wie) und Motivation (Warum). Improvisator:innen arbeiten daran, diese Elemente so früh wie möglich in einer Szene zu etablieren.